suhrkamp taschenbuch
wissenschaft 95

Peter Winch ist Professor für Philosophie am King's College in London.

Im Anschluß an die Philosophie Wittgensteins und dessen Auffassung der Regeln von Sprachspielen als Formen sozialer Lebenswelten bemüht sich Winch um die linguistische Grundlegung einer verstehenden Soziologie. Er zeigt, daß für das Vorgehen im Bereich der Sozialwissenschaft naturwissenschaftliche Verfahren nicht vorbildlich sein können und wendet sich damit gegen das Selbstverständnis einer Soziologie, die sich am behavioristischen Modell der Gesetzmäßigkeit beobachtbaren Verhaltens orientiert. Objektivität und Intersubjektivität bei der Untersuchung sozialer Phänomene ist nach Winch vielmehr durch Sprachanalyse zu gewährleisten. Die besondere Aufgabe philosophischer erkenntnistheoretischer Reflexion liegt für ihn darin, den Sozialwissenschaften den Zusammenhang von sozialem Handeln und Sprechen deutlich zu machen.

Peter Winch
Die Idee der Sozialwissenschaft und ihr Verhältnis zur Philosophie

Suhrkamp

Titel der Originalausgabe: »The Idea of a Social Science«
bei Routledge & Kegan Paul Ltd., London, 4. Auflage 1965,
 Aus dem Englischen von Roland Pelzer

suhrkamp taschenbuch wissenschaft 95
Erste Auflage 1974

Druck: Nomos Verlagsgesellschaft,
Baden-Baden · Printed in Germany
Umschlag nach Entwürfen
von Willy Fleckhaus und Rolf Staudt

Inhalt

Denn wenn es schon wahr ist, dass moralische Handlungen, sie mögen zu noch so verschiednen Zeiten, bey noch so verschiednen Völkern vorkommen, in sich betrachtet immer die nehmlichen bleiben: so haben doch darum die nehmlichen Handlungen nicht immer die nehmlichen Benennungen, und es ist ungerecht, irgend einer eine andere Benennung zu geben, als die, welche sie zu ihren Zeiten, und bey ihrem Volke zu haben pflegte.

Gotthold Ephraim Lessing: Anti-Goeze

I Philosophische Ausgangspunkte

1 *Ziele und Strategie*

Daß die Sozialwissenschaften noch in ihrer Kindheit stecken, ist unter den Verfassern von Lehrbüchern über diesen Gegenstand zu einem Gemeinplatz geworden. Sie argumentieren gewöhnlich, das liege daran, daß die Sozialwissenschaften sich nicht beeilt hätten, den Naturwissenschaften nachzueifern und sich von der toten Hand der Philosophie zu emanzipieren; es habe einmal eine Zeit gegeben, da zwischen Philosophie und Naturwissenschaft kein klarer Unterschied bestand, doch seit sich das geändert habe, etwa im 17. Jahrhundert, sei die Naturwissenschaft stetig fortgeschritten. In den Sozialwissenschaften dagegen, wird uns gesagt, hat die Revolution noch nicht stattgefunden, oder sie ist erst jetzt im Begriff, stattzufinden. Zwar hat die Sozialwissenschaft ihren Newton noch nicht gefunden, doch werden gerade heute die Bedingungen geschaffen, unter denen ein solcher Genius sich erheben könnte. Vor allem aber, so wird betont, müssen wir eher den Methoden der Naturwissenschaft als denen der Philosophie folgen, wenn wir irgendwelche nennenswerten Fortschritte machen wollen.

Ich unternehme es in dieser Monographie, eine solche Auffassung des Verhältnisses zwischen Sozialforschung, Philosophie und Naturwissenschaften zu attakkieren. Aber es sollte deswegen nicht angenommen werden, daß das, was ich sagen will, jenen reaktionären, antiwissenschaftlichen, auf ein Zurückstellen der Zeit abzielenden Strömungen zuzurechnen sei, die in manchen Kreisen seit den Anfängen der Wissenschaft aufgetreten sind und triumphiert haben. Meine einzige Absicht ist es, klarzustellen, daß die Uhr die richtige Stunde anzeigt, welche es auch immer sein mag. Aus Gründen, die im folgenden offenkundiger werden mögen, ist es nicht Sache der Philosophie, antiwissenschaftlich zu sein: versucht sie es, so wird sie nur erreichen, daß sie sich lächerlich macht. Solche Angriffe sind ebenso geschmacklos und unwürdig wie nutzlos und unphilosophisch. Andererseits aber, und aus denselben Gründen, sollte die Philosophie vor außerwissenschaftlichen Prätentionen der Wissenschaft auf der Hut sein. Daß die Wissenschaft eines der wichtigsten Schibboleths des gegenwärtigen Zeitalters ist, muß dazu führen, daß der Philosoph unpopulär wird; er löst leicht eine ähnliche Reaktion aus wie jemand, der die Monarchie kritisiert. Doch der Tag, an dem die Philosophie zu einer populären Sache wird, ist auch der Tag, an dem der Philosoph sich fragen sollte, wo er den falschen Weg eingeschlagen hat.

Ich sagte, daß es meine Absicht sei, eine gängige Auffassung des Verhältnisses zwischen Philosophie und Sozialforschung anzugreifen. Da jene Auffassung zwei verschiedene Gegenstände betrifft, muß ein Teil dieses Buches, der manchem unverhältnismäßig umfangreich erscheinen mag, der Diskussion von Dingen gewidmet sein, deren Bedeutung für die Sozialforschung nicht unmittelbar evident ist. Die Anschauung, die ich vertreten möchte, setzt eine bestimmte Auffassung der Philosophie voraus, die viele für ebenso häretisch halten werden wie meine Auffassung der Sozialwissenschaft selbst. Darum ist eine Diskussion des Wesens der Philosophie, so irrelevant sie zunächst erscheinen mag, ein wichtiger Teil der hier vorgetragenen These. Dieses Anfangskapitel kann also nicht unbesorgt als eine ermüdende und zeitraubende Vorbemerkung überschlagen werden.

Das mag überzeugender erscheinen, wenn ich die allgemeine Strategie des Buches kurz skizziere. Sie wird in einem Zweifrontenkrieg bestehen: erstens in einer Kritik an einigen vorherrschenden zeitgenössischen Vorstellungen über das Wesen der Philosophie; zweitens in einer Kritik an einigen vorherrschenden zeitgenössischen Vorstellungen über das Wesen der Sozialforschung. Die Taktik wird in der Hauptsache die einer Zangenbewegung sein: ein und derselbe Punkt soll durch Argumentationen aus entgegengesetzten Richtungen erreicht werden. Um die militärische Analogie zu vervollständigen, bevor sie entgleitet: mein Hauptkriegsziel wird es sein, zu beweisen, daß die beiden scheinbar verschiedenen Fronten, an denen der Krieg geführt wird, in Wirklichkeit gar nicht verschieden sind; daß es auf dasselbe hinausläuft, über das Wesen der Philosophie und über das Wesen der Sozialforschung Klarheit zu gewinnen. Denn jede lohnende Untersuchung der Gesellschaft muß philosophischen Charakters sein, und jede lohnende Philosophie muß es mit der Natur der menschlichen Gesellschaft zu tun haben.

2 *Die Auffassung der Philosophie als Handlangerin*

Ich werde diejenige Auffassung der Philosophie, die ich kritisieren möchte, John Locke, einem ihrer führenden Geister zu Ehren, die »Handlanger-Auffassung« nennen. Die folgende Passage aus dem »Brief an den Leser«, der das Vorwort zu Lockes *Essay Concerning Human Understanding* bildet, wird von den Anhängern der Handlanger-Auffassung oft zustimmend zitiert:

Dem Reich der Gelehrsamkeit fehlt es gegenwärtig nicht an großen Baumeistern, deren gewaltige Entwürfe für den Fortschritt der Wissenschaften der Bewunderung der Nachwelt dauerhafte Monumente hinterlassen werden; aber nicht jeder darf hoffen, ein Boyle oder Sydenham zu sein; und in einem Zeitalter, das solche Koryphäen wie den großen Huygens und den unvergleichlichen Mr. Newton hervorbringt und manche andere dieses Ranges, ist es ehrgeizig genug, wie ein Handlanger sich mit einiger Klärung des Geländes zu beschäftigen und mit dem Entfernen manchen Gerümpels, das dem Wissen den Weg verstellt.

Lockes Ansicht findet ihr Echo in A. J. Ayers Unterscheidung zwischen den »Bischöfen« und den »Facharbeitern« der Philosophie; sie wird von A. G. N. Flew in seiner Einleitung zu *Logic and Language* (First Series) in die Ausdrucksweise eines Großteils der modernen philosophischen Diskussion übersetzt; und sie hat auch viele Berührungspunkte mit Gilbert Ryles Auffassung der Philosophie als »informaler Logik« (vgl. Gilbert Ryle: *Dilemmas*, Cambridge 1954).
Ich will versuchen, unter den hervorstechenden Merkmalen dieser Ansicht diejenigen auszusondern, die für

meine Zwecke am meisten von Belang sind. Da findet sich erstens die Idee, daß »die Philosophie eher nach ihren Methoden als nach ihrem Gegenstand von anderen Kunstarten oder Wissenschaften unterschieden werden muß« (3). Das folgt offenbar aus der Handlanger-Auffassung; denn ihr zufolge kann die Philosophie nicht von sich aus ein positives Weltverständnis beisteuern: sie hat die rein negative Aufgabe, Hindernisse zu entfernen, die dem Fortschreiten unseres wissenschaftlichen Verstandes entgegenstehen. Die treibende Kraft jenes Fortschreitens muß in Methoden gesucht werden, die sich deutlich unterscheiden von allem, was in der Philosophie vorkommt; sie muß, heißt das, in der Wissenschaft gefunden werden. Dieser Ansicht nach verhält sich die Philosophie anderen Disziplinen gegenüber parasitär; sie hat keine ihr eigentümlichen Probleme, sondern ist eine Technik zur Lösung von Problemen, die im Verlauf nichtphilosophischer Untersuchungen aufgeworfen werden.

Die moderne Vorstellung von dem »Gerümpel, das dem Wissen den Weg verstellt«, ist derjenigen Lockes sehr ähnlich: die Philosophie beschäftigt sich damit, sprachliche Verwirrung zu beseitigen. Das Bild, das sich uns darbietet, ist also etwa das folgende. Genuine neue Erkenntnis wird von Wissenschaftlern durch die Methoden der Beobachtung und des Experiments gewonnen; die Sprache ist bei diesem Prozeß ein unentbehrliches Werkzeug; wie bei anderen Werkzeugen auch, können sich Defekte bei ihr einstellen, und die der Sprache eigentümlichen sind die logischen Widersprüche, die oft analog mechanischen Mängeln bei materiellen Werkzeugen verstanden werden. Genau wie zu ihrer Instandhaltung Spezialisten erforderlich sind, so auch bei der Sprache. Während ein Automechaniker sich damit beschäftigt, etwa die Verstopfung eines Vergasers zu beseitigen, beseitigt der Philosoph Widersprüche aus dem Bereich des diskursiven Denkens.

Ich wende mich jetzt einer weiteren, hiermit zusammenhängenden Implikation der Handlanger-Auffassung zu. Wenn sich der Philosophie die Probleme von außen stellen, dann muß von der Rolle der Erkenntnistheorie und Metaphysik innerhalb der Philosophie Rechenschaft gegeben werden. Denn mag es auch plausibel sein, daß die Philosophie der Wissenschaft, der Religion, der Kunst usw. ihre Probleme von der Wissenschaft, der Religion, der Kunst usw. bezieht, so ist es doch keineswegs klar, woher Metaphysik und Erkenntnistheorie ihre Probleme haben. Sagen wir, diese Disziplinen seien hinsichtlich ihrer Problemstellung autonom, so muß natürlich der Anspruch der Handlanger-Auffassung, über das Wesen der Philosophie erschöpfend Auskunft zu geben, zusammenbrechen. Einige Autoren empfehlen, in der Metaphysik und der Erkenntnistheorie bloße Verkleidungen der Wissenschaftstheorie und der philosophischen Psychologie zu sehen, aber ich habe nirgends eine detaillierte Darlegung dieser Ansicht gefunden, und einleuchtend ist sie prima facie jedenfalls für keinen, der mit der Geschichte dieser Disziplinen ein wenig vertraut ist. Andere wieder halten metaphysische und erkenntnistheoretische Erörterungen für eine bloße Scheinaktivität, die überhaupt keinem ernst zu nehmenden Fachgebiet

angehöre. Aber Metaphysik und Erkenntnistheorie handeln von Problemen, die die Eigenart haben, immer wieder aufzutreten, und jene kavaliersmäßige Haltung ihnen gegenüber nimmt sich bald ein wenig hohl aus. In der Tat ist sie gegenwärtig bei weitem nicht so populär, wie sie es einmal war.
Eine andere, weit verbreitete Ansicht ist diejenige, die beispielsweise Peter Laslett im Vorwort des von ihm herausgegebenen Buches *Philosophy, Politics and Society* (13) vertritt. Danach muß die Vorliebe für erkenntnistheoretische Fragen, die für philosophische Erörterungen in England eine Zeitlang charakteristisch war, als eine vorübergehende Phase verstanden werden, als eine mehr dem Prüfen und Verbessern der Werkzeuge der Philosophie als ihren eigentlichen sachhaltigen Gegenständen gewidmete Periode. Gemeint ist, daß es die Aufgabe des Philosophen sei, nach Abschluß dieser Überprüfung der Werkzeuge zu seiner eigentlichen Beschäftigung zurückzukehren, nämlich zur Klärung von Begriffen, die anderen, nichtphilosophischen Disziplinen angehören.
Diese Interpretation ist zunächst einmal unhistorisch, denn erkenntnistheoretische Fragen sind für ernsthafte philosophische Arbeit immer zentral gewesen, und daß dies anders sein könnte, ist schwer vorstellbar. Wichtiger ist, daß Lasletts Ansicht eine Umkehrung der innerhalb der Philosophie geltenden Prioritätsordnung bedeutet: sie stellt erkenntnistheoretische Diskussionen als etwas hin, das nur wichtig ist, sofern es einem höheren Zweck dient, nämlich dem Fortschritt in Fragen der Wissenschaftstheorie, der Kunstphilosophie, der

Philosophie der Politik etc. Ich möchte im Gegensatz hierzu die Auffassung vertreten, daß diese philosophischen Disziplinen, die ich die »peripheren« nennen will, ihren philosophischen Charakter verlieren, wenn sie nicht zur Erkenntnistheorie und Metaphysik in Beziehung stehen. Aber bevor ich das im einzelnen zeigen kann, muß ich die philosophischen Grundlagen der Handlanger-Auffassung der Philosophie prüfen.

3 *Philosophie und Wissenschaft*

Jene Auffassung ist im wesentlichen eine Reaktion auf das Selbstverständnis des Philosophen als »Ober-Wissenschaftler«, demzufolge die Philosophie mit der Wissenschaft in unmittelbarem Wettstreit steht und darauf abzielt, wissenschaftliche Theorien durch rein apriorischen Vernunftgebrauch zu konstruieren oder zu widerlegen. Diese Idee wird mit Recht der Lächerlichkeit preisgegeben. Hegels dilettantische, pseudowissenschaftliche Spekulationen illustrieren hinreichend, zu welchen Absurditäten sie führen kann. Ihre philosophische Widerlegung hat Hume bereitgestellt:

Wollen wir uns daher über die Natur dieser Evidenz, die uns von Tatsachen versichert, Gewißheit geben, so müssen wir nachforschen, wie wir zur Kenntnis von Ursache und Wirkungen gelangen.
Ich wage, als einen allgemeinen, keine Ausnahme zulassenden Satz zu behaupten, daß die Kenntnis dieser Relation in keinem Fall durch Schlüsse a priori erreicht wird, sondern völlig aus Erfahrung entsteht, wenn wir finden, daß irgendwelche einzelnen Gegenstände beständig miteinander verbunden sind. Zeigen

wir einem Menschen von noch so kräftiger natürlicher Vernunft und Fähigkeit einen ihm völlig neuen Gegenstand, so wird er bei genauester Prüfung seiner sinnlichen Qualitäten nicht fähig sein, eine von seinen Ursachen oder Wirkungen zu entdecken. (12: S. 36)

Das ist nun zwar als Kritik apriorischer Pseudowissenschaft bewundernswert, aber das angeführte Argument wurde oft auch dazu mißbraucht, ein apriorisches Philosophieren ganz legitimer Art zu attackieren. Man argumentiert etwa so: hinsichtlich realer, empirischer Sachverhalte können neue Entdeckungen nur durch experimentelle Methoden gewonnen und gesichert werden; kein rein apriorischer Denkprozeß reicht dazu aus. Da es aber die Wissenschaft ist, die sich experimenteller Methoden bedient, während die Philosophie rein apriorisch verfährt, so folgt daraus, daß die Erforschung der Realität der Wissenschaft überlassen bleiben muß. Andererseits hat die Philosophie in ihrer Geschichte, in weitem Maße jedenfalls, den Anspruch erhoben, eine Erforschung der Natur der Realität zu sein; entweder hat also die traditionelle Philosophie etwas versucht, das sie mit ihren Forschungsmethoden unmöglich erreichen konnte, und muß daher aufgegeben werden; oder aber sie befand sich über ihr eigenes Wesen im Irrtum, und die Zielsetzung ihrer Forschungen muß grundsätzlich neu interpretiert werden.

Nun ist aber die Beweisführung, auf welcher dieses Dilemma beruht, trügerisch: sie enthält einen doppeldeutigen terminus medius. Der Ausdruck »Erforschung der Natur der Realität« ist aequivok, und während Humes Argument vollkommen der Bedeutung angemessen ist, die dieser Ausdruck, auf *wissenschaftliche* Untersuchungen angewendet, besitzt, ist sein Argument, auf die Philosophie angewendet, eine bloße ignoratio elenchi. Der Unterschied zwischen den jeweiligen Zielsetzungen des Wissenschaftlers und des Philosophen kann etwa folgendermaßen bestimmt werden. Untersucht der Wissenschaftler Natur, Ursachen und Wirkungen *bestimmter einzelner* Gegenstände und Prozesse, so ist der Philosoph mit der Natur der Realität als solcher und im allgemeinen befaßt. Burnet trifft in seinem Buch *Greek Philosophy* das Wesentliche, wenn er hervorhebt (S. 11 und 12), daß der Sinn, in welchem der Philosoph die Frage »Was ist real« stellt, das Problem des Verhältnisses zwischen Mensch und Realität einschließt, das über die pure Wissenschaft hinausführt. »Wir müssen fragen, ob der menschliche Geist überhaupt mit der Realität in Berührung treten kann und, falls er es kann, welchen Unterschied das für das Leben des Menschen ausmacht.« Zu glauben, diese von Burnet gestellte Frage könne durch experimentelle Methoden erledigt werden, wäre ein ebenso gravierender Irrtum wie die Meinung, die Philosophie mit ihren Methoden des apriorischen Vernunftgebrauchs könne mit der experimentellen Wissenschaft auf deren eigenem Boden in Konkurrenz treten. Denn es ist gar keine empirische Frage, vielmehr eine begriffliche. Es geht bei ihr um die *Kraft des Begriffs* der Realität. Eine Berufung auf experimentelle Ergebnisse wäre notwendigerweise eine petitio principii, und zwar des hier wesentlichen Prinzips, denn der Philosoph sähe sich genötigt zu fragen, auf welches Zeugnis hin jene Ergebnisse selbst denn als »Realität« akzeptiert werden. Das brächte natürlich den Experimentalwissenschaftler einfach um seine Geduld – und mit Recht, von seinen eigenen Zielen und Interessen her gesehen. Aber das Gewicht der philosophischen Fragestellung kann nicht im Rahmen der Ausgangsbegriffe der experimentellen Wissenschaft begriffen werden. Sie kann ihre Antwort nicht dadurch finden, daß generalisierend von einzelnen Fällen ausgegangen wird, weil es bereits eine Teilantwort auf die philosophische Frage impliziert, solche Einzelfälle als »real« zu akzeptieren.

Diese ganze Streitfrage wurde 1939 an exponierter Stelle symbolisch dramatisiert, als G. E. Moore vor der Britischen Akademie einen Vortrag hielt unter dem Titel *Beweis einer Außenwelt*. Moores Beweisführung verlief etwa so: Er hielt zuerst die eine, dann die andere Hand in die Höhe und sagte: »Hier ist eine Hand und hier ist noch eine; also existieren mindestens zwei äußere Objekte; also existiert eine Außenwelt.« Indem er solchermaßen argumentierte, schien Moore die Frage »Gibt es eine Außenwelt« so zu behandeln, als sei sie von derselben Art wie die Frage »Gibt es Tiere, aus deren Schnauze ein einzelnes Horn wächst?« Dieses Problem könnte natürlich durch das Vorführen von zwei Nashörnern schlüssig erledigt werden. Aber das Verhältnis des Mooreschen Arguments zu der philosophischen Frage nach der Existenz einer Außenwelt ist nicht so einfach wie das Verhältnis der Vorführung von zwei Nashörnern zu der anderen Frage. Denn selbstverständlich betrifft der philosophische Zweifel an der Existenz einer Außenwelt die von Moore vorgezeigten beiden Hände in derselben Weise wie alles andere. Die Frage müßte vollständig lauten: Qualifizieren sich Objekte wie Moores beide Hände als Bestandstücke einer Außenwelt? Das heißt nicht, daß Moores Argument völlig gegenstandslos wäre; falsch ist nur, es als einen experimentellen »Beweis« zu betrachten, denn in keiner experimentalwissenschaftlichen Disziplin läßt sich etwas Vergleichbares finden. Moore machte kein Experiment; er *erinnerte* sein Publikum nur an etwas, nämlich daran, wie der Ausdruck »äußeres Objekt« faktisch gebraucht wird. Und er brachte damit zum Bewußtsein, daß es in der Philosophie nicht darum geht, die Existenz einer Welt äußerer Objekte zu beweisen oder zu widerlegen, sondern eher darum, *den Begriff* des Außenweltlichen *zu klären*. Daß zwischen dieser Aufgabe und dem zentralen philosophischen Problem der allgemeinen Natur der Realität ein Zusammenhang besteht, ist, glaube ich, offenkundig.

4 *Das Interesse des Philosophen an der Sprache*

Soviel einstweilen über das Verhältnis zwischen Philosophie und Wissenschaft. Aber ich bin noch schuldig geblieben zu zeigen, warum die Ablehnung der Auffassung des Philosophen als eines Oberwissenschaftlers nicht die Handlanger-Auffassung zur Folge haben muß oder soll. Ich sprach davon, wie Moore uns an den faktischen Gebrauch gewisser Ausdrücke erinnerte, und ich habe hervorgehoben, wie wichtig in der

Philosophie der Gedanke der Begriffsklärung ist. Diese Redeweise verträgt sich prima facie sehr gut mit der Handlanger-Auffassung. Und in der Tat ist, allgemein genommen, der Mangel dieser Auffassung nicht so sehr in einer platterdings falschen Doktrin zu sehen wie in einer im systematischen Zusammenhang irrigen Akzentsetzung.

Philosophische Streitfragen drehen sich in weitem Maße um den richtigen Gebrauch bestimmter sprachlicher Ausdrücke; die Klärung eines Begriffs ist weitgehend eine Auflösung sprachlicher Konfusionen. Dennoch gilt das Interesse der Philosophen nicht dem richtigen Wortgebrauch als solchem, und nicht alle sprachlichen Konfusionen sind für die Philosophie in gleichem Maße von Belang. Sie sind nur dann von Belang, wenn ihre Erörterung dazu bestimmt ist, Licht zu werfen auf die Frage, inwieweit die Realität erkennbar ist und welchen Unterschied es für das Leben des Menschen ausmachen würde, wenn er die Realität in den Griff bekäme. Wir müssen also fragen, ob und von welchen Sprachproblemen zu erwarten steht, daß sie für diese philosophischen Fragestellungen wesentlich sind.

Nach der Erkennbarkeit der Realität fragen heißt, nach dem Verhältnis zwischen Denken und Realität fragen. Die Erörterung der Natur des Denkens führt auch zu einer Erörterung der Natur der Sprache. Mit der Frage, ob die Realität erkennbar sei, ist daher untrennbar die Frage verknüpft, in welcher Beziehung die Sprache zu der Realität steht, über die sie etwas *aussagen* soll. So richtet sich das Interesse des Philosophen an der Sprache nicht so sehr auf die Auflösung einzelner sprachlicher Konfusionen um ihrer selbst willen als vielmehr auf die Auflösung von Konfusionen hinsichtlich der Natur der Sprache im allgemeinen.

Ich will diesen Punkt unter Bezugnahme auf T. D. Weldons *Vocabulary of Politics* polemisch herausarbeiten. Ich wähle dieses Buch, weil Weldon in ihm seine Interpretation des philosophischen Interesses an der Sprache dazu benutzt, eine Auffassung des Verhältnisses zwischen der Philosophie und der Erforschung der Gesellschaft zu stützen, von welcher die in dieser Monographie vertretene Auffassung entschieden abweicht. Weldons Ansicht fußt auf einer Interpretation der jüngsten Entwicklung der Philosophie in England. Er weist darauf hin, daß die Philosophen hinsichtlich der Sprache höchst selbstkritisch geworden seien. »Sie sind sich darüber klargeworden, daß viele der Probleme, die ihre Vorgänger für unüberwindlich hielten, nicht etwas Mysteriösem oder Unerklärlichen an der Welt entsprangen, sondern den Exzentrizitäten der Sprache, in der wir die Welt zu beschreiben versuchen.« (35: Kap. 1) Die Probleme der Sozialphilosophie und der politischen Philosophie entspringen also den Exzentrizitäten der Sprache, in der wir soziale und politische Institutionen zu beschreiben versuchen, nicht etwas Mysteriösem an diesen Institutionen selbst. Übereinstimmend mit der Handlanger-Auffassung, deren getreuer Gefolgsmann Weldon hier ist, schreibt er der Philosophie in der Entwicklung unseres Verständnisses des gesellschaftlichen Lebens eine rein negative Rolle zu.

Eine positive Weiterentwicklung dieses Verständnisses kann nur durch die Methoden empirischer Wissenschaft, nicht durch diejenigen der Philosophie erfolgen. Die Möglichkeit, daß eine Erörterung zentraler metaphysischer und erkenntnistheoretischer Fragen auf das Wesen menschlicher Gesellschaften ein Licht werfen könnte, wie ich später darlegen werde, wird nicht einmal angedeutet.

Vielmehr werden jene Fragen von Weldon schon in der Formulierung seiner eigenen Position in eleganter Manier beiseite geschoben. Von vornherein annehmen, es könne eine präzise Unterscheidung getroffen werden zwischen »der Welt« und »der Sprache, in der wir die Welt zu beschreiben suchen«, und zwar in dem Maße, daß die philosophischen Probleme in keiner Weise der ersteren, sondern ausschließlich der letzteren entspringen sollen, heißt der ganzen Philosophie gegenüber eine petitio principii begehen.

Weldon würde zweifellos erwidern, diese Frage sei bereits von jenen Philosophen, die der von ihm behandelten Entwicklungsrichtung angehören, in einem seiner Position günstigen Sinne erledigt worden. Aber selbst wenn wir den wichtigen Umstand unberücksichtigt lassen, daß philosophische Streitfragen nie in der Weise gelöst werden können, daß man die philosophischen Resultate anderer so, wie das bei wissenschaftlichen Theorien möglich ist, in die eigene philosophische Arbeit übernimmt, – selbst dann, sage ich, wenn wir dies unberücksichtigt lassen, gilt doch, daß das Werk Wittgensteins, des hervorragendsten Vertreters der in Rede stehenden Richtung, einfach falsch interpretiert wird, wenn es dazu dienen soll, Weldons Redeweise zu stützen. Hinsichtlich des *Tractatus logico-philosophicus* von Wittgenstein ist das hinreichend klar, wie zwei charakteristische Stellen zeigen: »Das Wesen des Satzes angeben, heißt, das Wesen aller Beschreibung angeben, also das Wesen der Welt.« (36: 5.4711) »Daß die Welt *meine* Welt ist, das zeigt sich darin, daß die Grenzen *der* Sprache (der Sprache, die allein ich verstehe), die Grenzen *meiner* Welt bedeuten.« (Ibid.: 5.62)

Es stimmt zwar, daß diese Ideen des *Tractatus* mit einer Theorie der Sprache zusammenhängen, die Wittgenstein später verworfen hat, und die auch Weldon verwerfen würde. Aber auch Wittgensteins Argumentationsweise in den späteren *Philosophischen Untersuchungen* ist mit einer simplen Unterscheidung zwischen der Welt und der Sprache unvereinbar. Die folgende Passage ist für Wittgensteins ganzen Ansatz charakteristisch:

Ich kann im Dreieck jetzt *das* als Spitze, *das* als Grundlinie sehen – jetzt *das* als Spitze und *das* als Grundlinie. – Es ist klar, daß dem Schüler, der nur eben erst mit dem Begriff Spitze, Grundlinie etc. Bekanntschaft gemacht hat, die Worte »Ich sehe jetzt *das* als Spitze« noch nichts sagen können. – Aber das meine ich nicht als Erfahrungssatz.

Nur von dem würde man sagen, er sähe es jetzt *so*, jetzt *so*, der *imstande* ist, mit Geläufigkeit gewisse Anwendungen von der Figur zu machen.

Das Substrat dieses Erlebnisses ist das Beherrschen einer Technik.

Wie seltsam aber, daß dies die logische Bedingung dessen sein soll, daß einer das und das *erlebt*! Du sagst doch nicht, nur der ›habe Zahnschmerzen‹, der das und das zu tun imstande

sei. – Woraus folgt, daß wir's hier nicht mit dem selben Erlebnisbegriff zu tun haben können. Es ist ein anderer, wenn auch ein verwandter.
Nur von Einem, der das und das *kann*, gelernt hat, beherrscht, hat es Sinn zu sagen, er habe *das* erlebt.
Und wenn das närrisch klingt, mußt du bedenken, daß der *Begriff* des Sehens hier modifiziert wird. (Eine ähnliche Überlegung ist oft nötig, um das Schwindelgefühl in der Mathematik zu vertreiben.)
Wir sprechen, machen Äußerungen, und erst *später* erhalten wir ein Bild von ihrem Leben. (37: S. 520)

Wir können also nicht mit Weldon sagen, die philosophischen Probleme entsprängen der Sprache und nicht der Welt, denn indem wir die Sprache erörtern, erörtern wir faktisch die Frage, *was als zur Welt gehörig angesehen werden soll.* Unsere Vorstellungen davon, was dem Bereich der Wirklichkeit angehöre, entstammen der Sprache, deren wir uns bedienen. Unsere Begriffe regeln die Form unserer Welterfahrung. Es dürfte gut sein, sich an die Trivialität zu erinnern, daß wir, wenn wir von der Welt sprechen, von dem sprechen, was wir mit dem Ausdruck »die Welt« faktisch meinen: wir haben keine Möglichkeit, uns jenseits der Begriffe zu begeben, in deren Rahmen wir Gedanken über die Welt fassen; das aber ist es, was Weldon in seinen Aussagen über das Wesen philosophischer Probleme versucht. Die Welt *ist* für uns das, was sich uns durch diese Begriffe hindurch darbietet. Das heißt nicht, daß unsere Begriffe sich nicht wandeln könnten; aber wenn sie das tun, bedeutet es, daß auch unser Begriff der Welt sich gewandelt hat.

Dieses mangelnde Verständnis dafür, daß eine philosophische Behandlung sprachlicher Konfusionen auch eine Erläuterung des Wesens der Realität ist, führt zu einer Unangemessenheit der zur Behandlung solcher Fragen tatsächlich gebrauchten Methoden. Empiristen wie Weldon setzen regelmäßig das Ausmaß dessen, was a priori gesagt werden kann, zu gering an: alle Tatsachen-Aussagen sind ihnen zufolge empirisch, oder sie sind unbegründet, und apriorische Aussagen beziehen sich »auf den Sprachgebrauch«, nicht jedoch »auf die Realität«. Im gleichen Maße aber, wie eine *Über*schätzung des Apriori, die Hume mit Recht bekämpfte, die Integrität der Wissenschaft gefährdet, läßt seine *Unter*schätzung die Philosophie verkrüppeln: etwa die Verwechslung begrifflicher Untersuchungen darüber, welche Redeweise einen Sinn ergibt, mit einer empirischen Untersuchung, die ihr Resultat von der Erfahrung erwarten muß. Hume selbst liefert in der folgenden Passage ein einschlägiges Beispiel dieses Mißverständnisses. Er erörtert dort das Ausmaß und das Wesen unseres Vorauswissens künftiger Ereignisse und argumentiert, nichts Zukünftiges könne durch unsere Kenntnis in der Vergangenheit beobachteter Vorgänge logisch garantiert werden.

Vergebens erhebt ihr den Anspruch, die Natur von Körpern aus eurer vergangenen Erfahrung gelernt zu haben. Ihre geheime Natur und folglich alle ihre Wirkungen und ihr Einfluß können sich ohne irgendeinen Wechsel in ihren sinnlichen Qualitäten ändern. Dies geschieht zuweilen und bei einigen Gegenständen;

warum kann es nicht immer und bei allen Gegenständen geschehen? Welche Logik, welche Argumentation sichert euch gegen diese Voraussetzung? (12: S. 49)

Weil Aussagen über das regelhafte Verhalten *mancher* Objekte schlechthin empirisch sind und jederzeit durch künftige Erfahrung außer Kraft gesetzt werden können, nimmt Hume hier an, dasselbe müsse von Aussagen über das regelhafte Verhalten jedes beliebigen Objekts gelten. Diese Annahme ist sehr zwingend. Ihr Zwang rührt von der gesunden Abneigung her, zuzugeben, daß irgend jemand aufgrund rein logischer Überlegungen hinsichtlich des Verlaufs künftiger Erfahrung den apriorischen Gesetzgeber spielen könnte. Und natürlich können wir nicht gesetzgebend einem Zusammenbruch der Regelhaftigkeit der Natur entgegentreten, der jede wissenschaftliche Arbeit unmöglich machen, die Sprache, das Denken und selbst das Leben zerstören würde. Aber wir können und müssen apriorisch gesetzgebend der Möglichkeit entgegentreten, eine solche Situation in Begriffen zu *beschreiben*, wie Hume sie zu gebrauchen sucht: in den Begriffen der Eigenschaften, Ursachen und Wirkungen von Objekten. Sollte nämlich die Regelhaftigkeit der Natur in jener Weise zusammenbrechen, so wären diese Begriffe nicht mehr anwendbar. Daraus, daß *innerhalb* dieser Ordnung kleinere oder selbst größere Abweichungen eintreten können, ohne daß dadurch unser ganzer begrifflicher Apparat umgestoßen würde, folgt nicht, daß wir unseren bestehenden Begriffsapparat (und welchen anderen sollen wir benutzen?) dazu gebrauchen könnten,

einen Zusammenbruch der Naturordnung im ganzen zu beschreiben.
Das ist kein bloßer Wortstreit. Denn der ganze philosophische Zweck solcher Untersuchungen wie der Humeschen liegt darin, die Begriffe zu klären, die für unser Verständnis der Realität grundlegend sind, also etwa *Objekt*, *Eigenschaft eines Objekts*, *Ursache und Wirkung*. Hervorzuheben, daß der Gebrauch solcher Begriffe notwendigerweise die unveränderliche Geltung der *meisten* Generalisierungen hinsichtlich des Verhaltens der Welt, in der wir leben, vorausgesetzt, ist für ein solches Unternehmen von zentraler Bedeutung.
Die Wichtigkeit dieser Frage für die Philosophie der Sozialwissenschaft wird sich später klarer herausstellen. Ich werde beispielsweise die These vertreten, daß viele der wichtigeren theoretischen Streitfragen, die in sozialwissenschaftlichen Untersuchungen aufgeworfen worden sind, mehr der Philosophie als der Wissenschaft angehören und daher nicht durch empirische Forschung, sondern durch apriorische Begriffsanalyse zu entscheiden sind. Die Frage etwa, worin gesellschaftliches Verhalten bestehe, ist eine Aufforderung, den *Begriff* des sozialen Verhaltens zu klären. Bei der Behandlung von Fragen dieser Art sollte nicht der Wunsch laut werden, erst einmal abzuwarten, was die empirische Forschung zutage fördern wird; es geht vielmehr darum, den Implikationen der Begriffe, die wir gebrauchen, nachzugehen.

6 *Die Stellung der Erkenntnistheorie als Angelpunkt der Philosophie*

Ich kann jetzt eine als Alternative geeignete Ansicht darüber anbieten, in welchem Verhältnis Erkenntnistheorie und Metaphysik zu jenen philosophischen Disziplinen stehen, die ich die peripheren genannt habe. Alles bisher Gesagte beruhte auf der Annahme, daß das für die Philosophie wahrhaft Grundlegende die Frage nach der Natur und der Erkennbarkeit der Realität sei. Es ist leicht zu sehen, daß diese Frage in erster Linie zu einer Überlegung darüber führen muß, was wir mit »Erkennbarkeit« meinen. Was heißt etwas verstehen, den Sinn von etwas begreifen? Wenn wir nun den Kontext betrachten, in welchem die Begriffe des Verstehens, des Erkennbarmachens gebraucht werden, so finden wir, daß dieser jeweils sehr verschieden ist. Überdies wird bei der Untersuchung und dem Vergleich dieser Kontexte bald offenkundig, daß der Begriff der Erkennbarkeit in ihnen mit systematischer Ambiguität gebraucht wird (in Gilbert Ryles Sinn dieses Ausdrucks): seine Bedeutung, heißt das, wechselt durchgängig entsprechend dem jeweiligen Kontext, in dem er steht.

Der Wissenschaftler versucht, die Welt erkennbarer zu machen; aber das tut auch der Historiker, der religiöse Prophet und der Künstler; ebenso der Philosoph. Und obgleich wir die Tätigkeiten all dieser verschiedenen Denker im Rahmen der Begriffe des Verstehens und der Erkennbarkeit beschreiben können, ist es klar, daß die Zwecksetzungen dieser Personen in sehr bedeutsamer Weise voneinander abweichen. Ich habe im dritten Abschnitt bereits versucht, beispielsweise den Unterschied der vom Wissenschaftler und vom Philosophen angestrebten »Realitätserkenntnis« zu bestimmen.

Daraus folgt nun nicht, daß wir uns einer bloßen Wortspielerei hingeben, wenn wir von den Tätigkeiten all dieser Forscher im Rahmen des Begriffs einer Erkennbarmachung der Dinge reden. Es folgt ebensowenig daraus wie eine entsprechende Schlußfolgerung in bezug auf das Wort »Spiel«, wenn Wittgenstein uns zeigt, daß es keine Gruppe von Eigenschaften gibt, welche allen Tätigkeiten gemeinsam und eigentümlich wäre, die mit Recht so genannt werden. (Vgl. 37: I, 66–71) Es hat ebensoviel Sinn zu sagen, daß Wissenschaft, Kunst, Religion und Philosophie alle damit beschäftigt sind, die Realität erkennbar zu machen, wie es Sinn hat zu sagen, daß Fußball, Schach, Patience und Steine-auf-dem-Wasser-hüpfen-lassen Spiele sind. Aber so töricht es wäre, alle diese Tätigkeiten zu Bestandteilen eines Superspiels zu erklären, das zu spielen wir nur gescheit genug sein müßten, so töricht ist auch die Annahme, die Ergebnisse all jener anderen Tätigkeiten summierten sich zu einer ganz großen Theorie der Realität (wie manche Philosophen es sich vorstellten: mit dem Zusatz, daß es ihre Aufgabe sei, diese Supertheorie zu entdecken).

Meiner Ansicht nach hat es also die philosophische Wissenschaftstheorie mit der Frage zu tun, welcher Art die vom Wissenschaftler gesuchte und vermittelte Erkenntnis ist; die Religionsphilosophie hat es mit der

Art und Weise zu tun, in der die Religion versucht, ein verstehbares Bild der Welt zu liefern; und so weiter. Natürlich müssen diese Tätigkeiten und ihre Zielsetzungen miteinander verglichen und kontrastiert werden. Der Zweck derartiger philosophischer Untersuchungen wird es sein, zum Verständnis dessen beizutragen, was der Begriff der Erkennbarkeit umschließt, so daß wir besser verstehen, welchen Sinn es hat, die Realität erkennbar zu nennen. Es ist für meine Zwecke wichtig, darauf hinzuweisen, wie sehr dies von der Handlanger-Auffassung abweicht. Insbesondere wird die Philosophie der Wissenschaft (oder um welche philosophische Disziplin es sich gerade handeln mag) hier als autonom dargestellt, und nicht als parasitär gegenüber der Wissenschaft, was die Herkunft ihrer Probleme betrifft. Die motivierende Kraft der Philosophie der Wissenschaft entspringt der Philosophie selbst, nicht der Wissenschaft. Und ihr Zweck ist nicht der bloß negative, dem Erwerb weiterer wissenschaftlicher Erkenntnisse Hindernisse aus dem Weg zu räumen, sondern der positive eines zunehmenden philosophischen Verständnisses dessen, was der Begriff der Erkennbarkeit umschließt. Der Unterschied zwischen diesen beiden Auffassungen ist nicht nur verbaler Art.

Auf den ersten Blick könnte es scheinen, als wäre für Metaphysik und Erkenntnistheorie kein Raum gelassen worden. Denn wenn dem Begriff der Erkennbarkeit (und, so möchte ich hinzufügen, ebenso dem Begriff der Realität) im Hinblick auf verschiedene geistige Disziplinen eine systematische Ambiguität anhaftet, zerfällt dann nicht die philosophische Bemühung, von jenen

Begriffen Rechenschaft zu geben, in die verschiedenen Philosophien der betreffenden Disziplinen? Beruht nicht die Vorstellung von der Erkenntnistheorie als eines speziellen Fachs auf der irrigen Meinung, alle Spielarten des Begriffs der Erkennbarkeit könnten auf eine einzige Folge von Kriterien reduziert werden?
Diese Schlußfolgerung ist falsch, mag sie auch eine heilsame Warnung dagegen enthalten, von der Erkenntnistheorie die Formulierung eines Sortiments von *Kriterien* der Erkennbarkeit zu erwarten. Ihre Aufgabe wird vielmehr darin bestehen, die Bedingungen zu beschreiben, die erfüllt sein müssen, wenn es Kriterien der Erkennbarkeit und des Verstehens überhaupt geben soll.

7 *Die Erkenntnistheorie und das Verständnis des sozialen Lebens*

Ich möchte hier einen vorläufigen Hinweis darauf geben, was von diesem erkenntnistheoretischen Unternehmen für das Verständnis des sozialen Lebens erwartet werden darf. Wir wollen noch einmal Burnets Formulierung der Grundfrage der Philosophie betrachten. Er fragt, welchen Unterschied es für das Leben des Menschen ausmachen werde, wenn sein Geist mit der Realität in Berührung kommen kann. Wir wollen diese Frage zunächst in der oberflächlichsten und simpelsten Weise interpretieren: Es ist klar, daß die Menschen aufgrund ihrer Auffassung von dem, was in der sie umgebenden Welt der Fall ist, über ihr

Verhalten entscheiden. So wird beispielsweise ein Mann, der früh morgens einen Zug erreichen muß, seinen Wecker entsprechend der von ihm angenommenen Abfahrtszeit des Zuges stellen. Wenn jemand geneigt ist, gegen dieses Beispiel Einwände zu erheben, weil es zu trivial sei, soll er daran denken, welchen Unterschied für das menschliche Leben die Tatsache ausmacht, daß es solche Dinge gibt wie Wecker, fahrplanmäßige Züge und Methoden, die Wahrheit von Aussagen über die Abfahrzeiten von Zügen und ähnliches zu prüfen und zu bestimmen. Das Interesse der Philosophie richtet sich hier auf die Frage: Was bedeutet es, »Kenntnis zu haben«, von Tatsachen wie diesen, und was ist die allgemeine Natur eines Verhaltens, für das man sich in Übereinstimmung mit solchem Wissen entscheidet?

Diese Frage wird vielleicht klarer werden, wenn sie mit einer weiteren Frage verglichen wird, der nämlich, welche Bedeutung es für das menschliche Leben hat, die Welt zu kennen wie sie wirklich ist. Ich denke an die moralische Frage, die Ibsen in Stücken wie der *Wildente* und den *Gespenstern* so erregte: Inwieweit ist es wichtig für das Leben eines Menschen, daß er es im deutlichen Bewußtsein seiner Situation und seiner Beziehungen zu den ihn umgebenden Menschen lebt? In den *Gespenstern* wird diese Frage am Beispiel eines Menschen ausgetragen, dessen Leben durch Unkenntnis seiner wahren Abstammung ruiniert wird. *Die Wildente* geht von einem entgegengesetzten Ausgangspunkt aus: hier lebt jemand in völliger Zufriedenheit, jedoch nur, weil er sich gründlich über die Haltung täuscht, welche die Menschen, mit denen er es zu tun hat, ihm gegenüber einnehmen; soll er desillusioniert werden, soll sein Glück im Interesse der Wahrheit zerstört werden? Wir können, das gilt es hervorzuheben, diese beiden Fragestellungen nur dann verstehen, wenn wir erkennen, wie wichtig es prima facie ist, daß jemand die Situation, in der er lebt, richtig versteht. In der *Wildente* geht es nicht darum, ob dies wichtig ist, sondern ob es *wichtiger* ist als das Glück.

In solchen Situationen wird es das Interesse des Erkenntnistheoretikers sein, zu erläutern, *warum* jenes Verstehen für das menschliche Leben so wichtig ist, indem er zeigt, was daraus folgt. Sein Interesse wird, um es kantisch auszudrücken, darauf gerichtet sein, wie ein solches Verstehen (oder Verstehen und Erkenntnis überhaupt) möglich ist. Um diese Frage zu beantworten, muß man die zentrale Rolle aufzeigen, die der Begriff des Verstehens bei den für die menschlichen Gesellschaften charakteristischen Handlungen spielt. So geht die Erörterung der Frage, worin Wirklichkeitserkenntnis bestehe, in eine Erörterung des Unterschieds über, der von dem Besitz oder Nichtbesitz solcher Erkenntnis für das menschliche Leben zu erwarten ist; und dies wiederum bedingt eine Betrachtung über die allgemeine Natur der menschlichen Gesellschaft bzw. eine Analyse ihres Begriffs.

Die Vorstellungen, die sich ein Mensch von der Wirklichkeit macht, durchwalten die gesellschaftlichen Beziehungen zu seinen Mitmenschen. »Durchwalten« ist sogar ein zu schwacher Ausdruck: gesellschaftliche Beziehungen sind Manifestationen von Realitätsvorstellungen. So wäre es beispielsweise bei den vorhin behandelten Ibsenschen Situationen unmöglich, das Verhalten einer Person gegenüber ihrer Umgebung anders zu beschreiben als mit Hilfe des Begriffs ihrer Vorstellungen darüber, was die anderen über sie denken, was sie in der Vergangenheit getan haben, was sie in der Zukunft tun werden usw.; in den *Gespenstern* sind es außerdem Vorstellungen über ihre biologischen Verwandtschaftsbeziehungen. Ein Mönch wiederum steht in bestimmten charakteristischen sozialen Beziehungen zu anderen Mönchen und zu den Leuten außerhalb des Klosters; aber ohne Berücksichtigung der religiösen Ideen, um die sich das Leben des Mönches dreht, müßte die Darstellung jener Beziehungen sehr oberflächlich bleiben.

Hiermit wird schon deutlicher, worin der von uns vertretene theoretische Ansatz von einigen weitverbreiteten soziologischen und überhaupt sozialwissenschaftlichen Auffassungen abweicht. Er weicht zum Beispiel von der Lehre Emile Durkheims ab:

Diese Idee, daß das gesellschaftliche Leben nicht mit Hilfe der Begriffe derjenigen erklärt werden sollte, die an ihm teilnehmen, sondern aus tiefer liegenden Ursachen, die dem Bewußtsein entgehen, halte ich für außerordentlich fruchtbar, und ich glaube auch, daß diese Ursachen hauptsächlich in der Art und Weise zu suchen sind, in welcher die assoziierten Individuen sich gesellschaftlich gruppieren. Nur so kann allem Anschein nach die Historie eine Wissenschaft werden und die Soziologie selbst existieren. (Siehe Durkheims Rezension von Labriolas »Essais sur la conception materialiste de l'histoire« in *Revue philosophique*, Dezember 1897.)

Mein Ansatz steht auch im Gegensatz zu der Ansicht von Wieses, der die Aufgabe der Soziologie darin sieht, vom gesellschaftlichen Leben Rechenschaft zu geben und dabei »von allen kulturellen Zwecken abzusehen, die die Individuen in der Gesellschaft verfolgen, um die Einflüsse zu studieren, die sie infolge des gemeinschaftlichen Lebens aufeinander ausüben«. (Siehe 2: S. 7)
Die entscheidende Frage ist hier natürlich, inwieweit Durkheims Begriff der »Vergesellschaftungsweise assoziierter Individuen« ohne Berücksichtigung der »Vorstellungen« dieser Individuen einen Sinn ergibt; oder inwieweit es sinnvoll ist, von einander beeinflussenden Individuen (im Sinne von Wieses) zu sprechen, wenn man von den »kulturellen Zielen« dieser Individuen absieht. Ich werde auf einer späteren Stufe meiner Argumentation diese entscheidenden Fragen explicite zu behandeln suchen. Einstweilen möchte ich nur hervorheben, daß theoretische Positionen wie die erwähnten tatsächlich in Gegensatz zur Philosophie geraten, wenn diese verstanden wird als eine Untersuchung der Natur der menschlichen Realitätserkenntnis und des Unterschieds, den die Möglichkeit solcher Erkenntnis für das menschliche Leben ausmacht.

8 Regeln: Wittgensteins Analyse

Ich muß nun versuchen, detaillierter darzulegen, in welcher Weise die erkenntnistheoretische Erörterung des menschlichen Realitätsverständnisses ein Licht wirft auf das Wesen der menschlichen Gesellschaft und der zwischenmenschlichen Beziehungen. Zu diesem Zweck möchte ich auf die das erkenntnistheoretische Problem erhellende Diskussion eingehen, die Wittgenstein in den *Philosophischen Untersuchungen* dem Begriff »einer Regel folgen« widmet.

Burnet sprach von dem »Kontakt« des menschlichen Geistes mit der Realität. Nehmen wir einen simplen Fall eines solchen Kontakts und betrachten wir seine Implikationen. Angenommen, ich möchte wissen, in welchem Jahr der Mount Everest zum erstenmal erstiegen wurde. Ich denke bei mir, »der Mount Everest wurde 1953 erstiegen«. Es geht mir hier um die Frage, was mit dem Ausdruck »an den Mount Everest denken« gemeint ist. In welcher Beziehung steht mein Gedanke zu dem Ding, an das ich denke, hier zum Mount Everest? Wir wollen noch genauer werden. Um Komplikationen zu vermeiden, die aus der Funktion geistiger Bilder in solchen Situationen entstehen, will ich annehmen, daß ich meinen Gedanken explizit in Worten ausdrücke. Die Frage lautet dann: was erlaubt mir, wenn ich die Wörter »Mount Everest« ausspreche, zu sagen, ich *meine* mit diesen Wörtern einen bestimmten Berggipfel im Himalaya. Ich habe das Thema in dieser etwas vagen Weise eingeführt, um den Zusammenhang zwischen der Frage nach der Natur des »Kontakts«, den der menschliche Geist mit der Realität hat, und der Frage nach dem Wesen des »Meinens« hervorzuheben. Als Beispiel eines Wortes, das dazu dient, etwas zu meinen, habe ich eines gewählt, das dazu dient, auf etwas *hinzuweisen*, nicht weil ich diesem Modus des Meinens eine besondere logische oder metaphysische Priorität zuschriebe, sondern allein deshalb, weil in diesem Fall der Zusammenhang zwischen der Frage nach dem Wesen des Meinens und der nach der Beziehung zwischen Denken und Wirklichkeit besonders ins Auge sticht.

Als erste bietet sich natürlich die Antwort an, daß ich vermittels der Wörter »Mount Everest« das meinen kann, was ich meine, weil sie mir definiert worden sind. Das kann in sehr verschiedener Weise geschehen sein: vielleicht hat mir jemand den Mount Everest auf der Landkarte gezeigt; vielleicht wurde mir gesagt, er sei der höchste Berggipfel der Welt; oder ich bin im Flugzeug über den Himalaya geflogen und bekam den wirklichen Mount Everest gezeigt. Um weitere Schwierigkeiten zu vermeiden, wollen wir den letzteren Fall annehmen, d. h. wir wollen uns, um es in der Terminologie der Logik auszudrücken, auf den Fall der *ostensiven* Definition konzentrieren.

Ich bekam also den Mount Everest gezeigt; man hat mir gesagt, daß er Everest heiße; und dank dieser Vorgänge in der Vergangenheit bin ich nun in der Lage, mit den Wörtern »Mount Everest« jenen Berggipfel im Himalaya zu *meinen*. So weit, so gut. Aber jetzt müssen wir eine weitere Frage stellen: Worin liegt der Zusammenhang zwischen jenen Vorgängen in der Vergangenheit und meinem Aussprechen der Wörter »Mount Everest«, der dieser meiner Äußerung jetzt die Bedeutung verleiht, die sie besitzt? In welchem Zusammenhang steht, ganz allgemein, eine Definition mit dem späteren Gebrauch des definierten Ausdrucks? Was heißt, einer Definition »folgen«? Auch hierauf

gibt es eine simple, aber oberflächliche Antwort: die Definition legt die Bedeutung fest, und ein Wort in seiner richtigen Bedeutung verwenden heißt, es in der durch die Definition festgelegten Bedeutung verwenden. Und in gewisser Weise ist diese Antwort natürlich ganz richtig und allgemeingültig; nur beseitigt sie nicht das philosophische Rätsel. Denn was heißt es, ein Wort *in der gleichen Weise* verwenden, wie sie durch die Definition festgelegt ist? Wie stelle ich fest, ob ein bestimmter Gebrauch eines Wortes der gleiche ist wie der durch die Definition festgelegte, oder ein anderer?
Daß dies keine ganz müßige Frage ist, zeigt die folgende Überlegung. Was ihre unmittelbare äußere Erscheinung betrifft, bestand die ostensive Definition einfach aus einer Geste und einem beim Überfliegen des Himalayas geäußerten Laut. Aber nehmen wir an, mein Lehrer habe durch jene Geste nicht das Wort »Everest«, sondern das Wort »Berg« definieren wollen, wie es hätte der Fall sein können, wenn ich dabei gewesen wäre, Englisch zu lernen. Auch dann würde sich mein richtiges Verständnis des Wortes »Berg« darin zeigen, daß ich es weiterhin in der durch die Definition festgelegten Weise gebrauchte. Aber der richtige Gebrauch des Wortes »Berg« ist gewiß nicht das gleiche wie der richtige Gebrauch des Wortes »Everest«! Offensichtlich stellt also das Wort »gleich« ein weiteres Beispiel »systematischer Ambiguität« dar: wir können nur dann wissen, ob zwei Dinge als »gleich« betrachtet werden müssen oder nicht, wenn uns der Kontext mitgeteilt wird, in dem sich diese Frage erhebt. Es gibt keine absolut unveränderliche Bedeutung des

Wortes »gleich«, so sehr wir auch versucht sein mögen, hierüber anders zu denken.

Aber ist nicht wenigstens gleich: *gleich*?
Für die Gleichheit scheinen wir ein unfehlbares Paradigma zu haben in der Gleichheit eines Dinges mit sich selbst. Ich will sagen: »Hier kann es doch nicht verschiedene Deutungen geben. Wenn er ein Ding vor sich sieht, so sieht er auch Gleichheit.«
Also sind zwei Dinge gleich, wenn sie so sind wie *ein* Ding? Und wie soll ich nun das, was mir das *eine* Ding zeigt, auf den Fall der zwei anwenden? (37: S. 385)

Ich sagte, daß die jeweilige dem Wort »gleich« zu gebende Interpretation von dem Kontext abhänge, in dem sich die Frage erhebt. Das soll noch genauer ausgedrückt werden. Nur einer bestimmten *Regel* zufolge können wir dem Wort »gleich« eine spezifische Bedeutung verleihen. Gemäß der Regel, die für den Gebrauch des Wortes »Berg« gilt, wird dieses Wort von jemandem, der es einmal auf den Mount Everest und ein andermal auf den Mont Blanc bezieht, beide Male in der gleichen Weise benutzt; aber von jemandem, der den Mont Blanc als »Everest« bezeichnet, könnte man nicht sagen, er gebrauche dieses Wort in der gleichen Weise wie jemand, der es zur Bezeichnung des Mount Everest verwendet. Die Frage »Was heißt es für ein Wort, eine Bedeutung zu haben«, geht also in die Frage über: »Was heißt es für jemanden, eine Regel zu befolgen?«
Wieder wollen wir zuerst die nächstliegende Antwort betrachten. Wir können sagen: jemand befolgt dann eine Regel, wenn er sich bei gleichen Gelegenheiten

immer in gleicher Weise verhält. Das ist zwar richtig, aber es bringt uns wiederum nicht weiter, denn wir haben ja gesehen, daß das Wort »gleich« nur im Rahmen einer gegebenen Regel eine bestimmte Bedeutung annimmt. »Die Verwendung des Wortes ›Regel‹ ist mit der Verwendung des Wortes ›gleich‹ verwoben. (Wie die Verwendung von ›Satz‹ mit der Verwendung von ›wahr‹.)« (37: S. 387) Das Problem nimmt also folgende Gestalt an: Wie kann dem Wort »gleich« ein Sinn verliehen werden? oder: Unter welchen Umständen ist es sinnvoll zu sagen, jemand befolge bei dem, was er tut, eine Regel?

Nehmen wir an, das Wort »Everest« sei mir gerade ostensiv definiert worden. Man könnte meinen, ich sei nun in der Lage, von vornherein festzusetzen, was in Zukunft als richtiger Gebrauch dieses Wortes gelten solle, indem ich eine bewußte Entscheidung folgender Art treffe: »Ich will dieses Wort nur noch in bezug auf *diesen* Berg gebrauchen.« Und in dem Kontext der von uns allen gesprochenen und verstandenen Sprache ist das natürlich ganz einleuchtend. Aber gerade weil die feste Institution der von uns allen gesprochenen und verstandenen Sprache dabei vorausgesetzt wird, kann es die philosophische Schwierigkeit nicht erhellen. Wir dürfen ja nicht das schon voraussetzen, dessen Möglichkeit wir gerade untersuchen wollen. Rechenschaft zu geben von dem, was »in Übereinstimmung mit meiner Entscheidung handeln« bedeutet, ist ebenso schwierig wie Rechenschaft zu geben von dem, was vorhin »in Übereinstimmung mit der ostensiven Definition handeln« bedeuten sollte. Ich mag noch so nachdrücklich auf diesen Berg hier vor mir hindeuten und noch so nachdrücklich die Wörter »dieser Berg« aussprechen, meine Entscheidung muß doch immer noch auch in Zukunft *angewendet* werden, und die Implikationen einer solchen Anwendung sind gerade das, was hier in Frage steht. Das Problem wird darum nicht mit Hilfe einer *Formel* gelöst werden können; wir werden immer zu einem Punkt gelangen, an dem wir über die Anwendung der Formel Rechenschaft geben müssen.

Worin besteht der Unterschied zwischen jemandem, der tatsächlich eine Regel anwendet, und jemandem, der das nicht tut? Eine Schwierigkeit liegt hier darin, daß jede beliebige Reihe von Handlungen eines Menschen durch die eine oder andere Formel erfaßt werden kann, wenn wir uns nur darauf einrichten, eine hinreichend komplizierte zu wählen. Daß die Handlungen eines Menschen als Anwendungen einer bestimmten Formel interpretiert werden *können*, ist aber noch keine Garantie dafür, daß er diese Formel tatsächlich anwendet. Worin liegt der Unterschied zwischen beidem?

Wir wollen uns einen Menschen vorstellen – nennen wir ihn *A* –, der die folgenden Zahlen an eine Tafel schreibt: 1 3 5 7. *A* fragt nun seinen Freund *B*, wie diese Reihe fortgesetzt werden soll. Fast jeder würde in dieser Situation, falls er nicht besondere Gründe zum Mißtrauen hat, antworten: 9 11 13 15. Nehmen wir an, *A* lehnt es ab, dies als Fortsetzung seiner Reihe zu akzeptieren, und beschreibt ihren Verlauf folgendermaßen: 1 3 5 7 1 3 5 7 9 11 13 15

9 11 13 15. Dann fordert er *B* auf, die Reihe fortzusetzen. *B* kann nun unter einer Mehrzahl von Alternativen wählen. Angenommen, er entscheidet sich, doch *A* weigert sich abermals, seine Wahl zu akzeptieren, und setzt die Reihe selbst auf andere Weise fort. Das mag eine Weile so weitergehen. Zweifellos würde einmal der Punkt erreicht sein, wo *B* mit vollem Recht dem *A* sagt, er folge im Grunde gar nicht einer *mathematischen* Regel, wenn auch die Weise, in der er die Reihe bisher fortsetzte, durch eine Formel erfaßt werden *könnte*. Gewiß folgte *A* einer Regel; aber diese Regel lautete: die Reihe in jeder Phase in einer anderen als der von *B* vorgeschlagenen Weise fortzusetzen. Und wenn das auch, in ihrer Art, eine sehr schöne Regel ist, so gehört sie doch nicht der Arithmetik an.

Die Reaktion nun, welche *B* schließlich zeigt, und die Tatsache, daß sie völlig berechtigt ist, insbesondere dann, wenn noch einige andere Individuen an diesem Spiel teilnehmen und *A* es immer ablehnt, die von ihnen vorgeschlagenen Fortsetzungen der Reihe als richtig zu akzeptieren – all dies deutet auf ein wichtiges Merkmal des Begriffs »einer Regel folgen«, nämlich darauf, daß nicht nur die Handlungen derjenigen Person berücksichtigt werden müssen, deren Verhalten daraufhin geprüft wird, ob es unter die Kategorie des Regelbefolgens fällt, sondern auch die *Reaktionen anderer* auf sein Verhalten. Genauer ausgedrückt: nur in einer Situation, in welcher sinnvoll angenommen werden kann, daß ein anderer im Prinzip in der Lage wäre, die von mir befolgte Regel zu entdecken, kann man vernünftigerweise sagen, daß ich einer Regel folge.

Wir wollen auf diesen Punkt näher eingehen. Es ist wichtig, im Gedächtnis zu behalten, daß *B*, nachdem *A* die Zahlen 1 3 5 7 aufgeschrieben hatte, diese Reihe durch die Zahlen 9 11 13 15 etc. fortsetzte, weil er (als Repräsentant jedes beliebigen der elementaren Arithmetik Kundigen) annahm, daß dies *selbstverständlich* sei. Die bloße Tatsache, daß ich jenen Zahlen ein »etc.« anfügen konnte, und daß ich sicher sein darf, dabei von praktisch allen meinen Lesern in einer ganz bestimmten und in keiner anderen Weise verstanden zu werden, ist schon eine Bestätigung dieses Sachverhalts. »Damit es mir erscheinen kann, als hätte die Regel alle ihre Folgesätze zum voraus erzeugt, müssen sie mir *selbstverständlich* sein. So selbstverständlich, wie es mir ist, diese Farbe ›blau‹ zu nennen.« (37: S. 389) Man muß sich bewußt sein, daß diese Bemerkungen nicht nur für mathematische Formeln gelten, sondern für alle Fälle des Befolgens von Regeln. Sie gelten beispielsweise für den Gebrauch von Wörtern wie »Everest« und »Berg«: unter der Voraussetzung einer gewissen Übung gebraucht jedermann diese Wörter ganz selbstverständlich in der gleichen Weise wie jeder andere auch.

Dieser Umstand ist es, der es uns ermöglicht, mit dem Ausdruck »das gleiche« in einem gegebenen Kontext einen Sinn zu verbinden. Es ist hier sehr wichtig zu sehen, daß ein ganz selbstverständliches Vorgehen in einer bestimmten Weise nicht nur eine besondere Eigentümlichkeit derjenigen Person sein darf, die damit eine Regel zu befolgen beansprucht. Ihr Verhalten gehört nur dann der Kategorie des Regelbefolgens an, wenn das, was sie tut, von jemand anderem dadurch begriffen werden kann, daß er selbst dahin gelangt, ganz selbstverständlich in jener Weise vorzugehen.

Denke dir, Einer folgt einer Linie als Regel auf diese Weise: Er hält einen Zirkel, dessen eine Spitze er der Regel-Linie entlang führt, während die andre Spitze die Linie zieht, welche der Regel folgt. Und während er so der Regel entlang fährt, verändert er die Öffnung des Zirkels, wie es scheint mit großer Genauigkeit, wobei er immer auf die Regel schaut, als bestimme sie sein Tun. Wir nun, die ihm zusehen, sehen keinerlei Regelmäßigkeit in diesem Öffnen und Schließen des Zirkels. Wir können seine Art, der Linie zu folgen, von ihm nicht lernen. Wir würden hier vielleicht wirklich sagen: »Die Vorlage scheint ihm *einzugeben,* wie er zu gehen hat. Aber sie ist keine Regel!« (37: S. 389)

Warum ist sie keine Regel? Weil der Begriff des Befolgens einer Regel logisch untrennbar ist von dem Begriff des *Fehlermachens.* Wenn es möglich ist, von jemandem zu sagen, daß er eine Regel befolgt, so bedeutet dies, daß man fragen kann, ob er das, was er tut, richtig tut oder nicht. Andernfalls findet der Begriff einer Regel in seinem Verhalten keinen Anhaltspunkt; es hat dann keinen *Sinn,* sein Verhalten in jener Weise zu beschreiben, weil er immer genauso gut irgend etwas anderes tun könnte als das, was er tut, während es bei dem Begriff einer Regel darauf ankommt, daß er uns in die Lage versetzen sollte, die vollzogenen Handlungen zu *bewerten.*
Wir wollen nun betrachten, was es heißt, einen Fehler machen (was natürlich eine Betrachtung darüber einschließt, was es heißt, etwas richtig machen). Ein Fehler ist ein Verstoß gegen ein als richtig *Etabliertes.* Als

solcher muß er *erkennbar* sein. Wenn ich zum Beispiel im Gebrauch eines Wortes einen Fehler mache, müssen andere Leute in der Lage sein, mich darauf hinzuweisen. Wenn das nicht der Fall ist, kann ich tun, was ich will, und es gibt für meine Handlungen keine äußere Kontrolle; das heißt, es ist nichts etabliert. Die Etablierung eines Standards läßt sich sinnvollerweise nicht einem Individuum in völliger Isolierung von anderen Individuen zuschreiben. Denn allein der Kontakt mit anderen Individuen ermöglicht die äußere Kontrolle der Handlungen eines Menschen, von welcher die Etablierung eines Standards nicht zu trennen ist.

Um einem möglichen Mißverständnis vorzubeugen, muß hier eine nähere Bestimmung erfolgen. Innerhalb einer menschlichen Gesellschaft, wie wir sie kennen, mit ihrer etablierten Sprache und ihren Institutionen, hat ein Individuum natürlich die Möglichkeit, eine *private* Verhaltensregel zu befolgen. Wittgenstein besteht aber darauf, daß es erstens für andere Leute im Prinzip möglich sein müsse, diese Regel zu begreifen und zu beurteilen, wann sie richtig befolgt wird, und daß es zweitens sinnlos sei anzunehmen, daß irgend jemand imstande sei, einen rein persönlichen Verhaltensstandard aufzustellen, *ohne* von der menschlichen Gesellschaft mit ihren sozial etablierten Regeln irgendeine Erfahrung zu besitzen. In diesem Bereich der Philosophie befassen wir uns mit dem *allgemeinen Begriff* der Befolgung einer Regel; da dies so ist, haben wir nicht die Freiheit, bei der Klärung der Implikationen jenes Begriffs ohne weiteres eine Situation zu unterstellen, die ihn bereits voraussetzt.

9 *Einige Mißverständnisse, denen Wittgenstein ausgesetzt ist*

Die für Regeln bestehende Notwendigkeit, in einem gesellschaftlichen Zusammenhang zu stehen, ist von besonderer Wichtigkeit im Hinblick auf das philosophische Problem der Sinnesdaten. Denn sie impliziert, daß die Sprache, in der wir von unseren Sinnesdaten sprechen, von allgemein zugänglichen Kriterien gelenkt sein muß; diese können nicht, wie viele Philosophen angenommen haben, auf etwas wesentlich Privatem des jeweiligen Individuums beruhen. Wittgensteins Darlegungen in den *Philosophischen Untersuchungen* sind zutiefst von diesem Spezialproblem bestimmt. Aber wie P. F. Strawson hervorhebt, sind Wittgensteins Argumente ebenso gegen die Idee *jeglicher* Sprache anwendbar, die nicht an einem bestimmten Punkt auf einer von vielen Individuen geteilten Lebensform beruht. Strawson betrachtet dies als einen Einwand gegen Wittgensteins Position, denn, so meint er, es wird dadurch etwas als undenkbar ausgeschlossen, das wir uns in Wahrheit sehr gut denken können. Wir können, sagt er, es uns durchaus als logische Möglichkeit vorstellen, daß ein einsamer Inselbewohner, der nie in der menschlichen Gesellschaft gelebt hat, eine Sprache für seinen eigenen Gebrauch entwirft. Weiter können wir uns, seiner Ansicht nach, einen Beobachter des Benutzers dieser Sprache vorstellen, der »eine Beziehung zwischen dem Gebrauch ihrer Wörter und Sätze einerseits, den Handlungen und der Umgebung des Sprechenden andererseits beobachtet.«

> Der Beobachter B ist demnach in der Lage, Hypothesen aufzustellen über die Bedeutungen (den regelhaften Gebrauch) der Wörter, die in der Sprache des von ihm Beobachteten vorkommen. Mit der Zeit kann er es so weit bringen, sie zu sprechen: dann dient der Sprachgebrauch des einen als Kontrolle für den des anderen. Aber sollen wir wirklich sagen, bevor dieses glückliche Ergebnis erreicht ist (bevor der Gebrauch der Sprache zu einer von mehreren Menschen *geteilten* ›Lebensform‹ geworden ist), seien die Wörter jener Sprache bedeutungslos und unbrauchbar? (32: S. 85)

Strawson erscheint es schlechthin absurd, derartiges zu sagen. Das Bestechende seiner Auffassung liegt darin, daß es ihm zu gelingen scheint, eine Situation zu beschreiben, die nach Wittgensteins Prinzipien unbeschreibbar, weil unvorstellbar sein müßte. Aber das scheint nur so; in Wahrheit setzt Strawson das voraus, was erklärt werden soll. Seine Beschreibung wird als Beitrag zu dem Problem, um das es sich handelt, von vornherein dadurch entwertet, daß sie Termini enthält, deren Anwendbarkeit gerade in Frage steht: Termini wie »Sprache«, »Gebrauch«, »Wörter«, »Sätze«, »Bedeutung« – und alle ohne Anführungszeichen. Zu sagen, der Beobachter B könne »Hypothesen aufstellen über die Bedeutungen (den regelhaften Gebrauch) der Wörter, die in der Sprache des von ihm Beobachteten vorkommen«, ist sinnlos, wenn man nicht von dem, was der Beobachtete tut, im Rahmen solcher Begriffe wie Bedeutung, Sprache, Gebrauch usw. sprechen kann. Wenn wir ihn dabei beobachten können, wie er bestimmte Bewegungen ausführt und bestimmte Laute von sich gibt – die in jenen Termini zu beschreiben ganz berechtigt wäre, würden sie von jemand anderem in einem anderen Kontext, dem der menschlichen Gesellschaft, vollzogen – so folgt daraus keineswegs, daß *seine* Handlungen und Äußerungen mit Recht derart beschrieben werden dürfen. Und die Tatsache, daß B die Praxis des von ihm Beobachteten zu seiner eigenen in Beziehung setzen könnte, stützt Strawsons Auffassung nicht; denn der Nerv der Wittgensteinschen Argumentation ist es, daß nicht jene Praxis als solche die Anwendung von Kategorien wie Sprache und Bedeutung rechtfertigt, sondern daß diese Rechtfertigung in dem sozialen *Kontext* liegt, in welchem sie geübt wird. Strawson sagt nichts, was diese Argumente entkräften könnte.

Norman Malcolm hat dies gut herausgearbeitet. Wie er sagt, könnte Strawsons »Sprachbenutzer« jedesmal beim Erscheinen einer Kuh einen bestimmten Laut äußern; aber wir müssen fragen, wodurch dieser Laut zu einem *Wort* wird und wodurch er zum Wort für *Kuh* wird. Ein Papagei könnte dasselbe tun, aber wir würden dennoch nicht sagen, er spreche (mit Verständnis). »Es ist, als ob Strawson dächte: Die Sache ist gar nicht schwierig; der Betreffende *macht* ganz einfach das Zeichen zu einem Zeichen für einen Sinneseindruck« (oder in unserem Fall, er *macht* ganz einfach seinen Laut zu einem Zeichen für eine Kuh). (16: S. 554) Aber das bringt sogleich all die Schwierigkeiten auf den Plan, die im vorigen Abschnitt erörtert worden sind; gerade die Verbindung zwischen einer anfänglichen Definition und dem späteren Gebrauch eines Lautes ist es, was in Frage steht.

A. J. Ayer erhebt sehr ähnliche Einwände gegen Wittgensteins Position. Wie Strawson ist er geneigt, das Verhalten seines hypothetischen »nicht sozialisierten« Crusoe in Termini zu beschreiben, die ihren Sinn erst durch einen gesellschaftlichen Kontext gewinnen. Betrachten wir etwa die folgende Passage:

Er (sc. ›Crusoe‹) mag denken, ein Vogel, den er vorbeifliegen sieht, sei von derselben Gattung wie jener Vogel, dem er zuvor einen Namen gegeben hat, obgleich er in Wahrheit einer ganz anderen Gattung angehört, andersartig genug, um ihm einen anderen Namen zu geben, wenn er ihn genauer beobachtete. (4)

Das setzt natürlich voraus, daß es Sinn hat, in einem solchen Zusammenhang vom »Namengeben« zu sprechen; und all die Schwierigkeiten hinsichtlich des dem Begriff der *Gleichheit* beizulegenden Sinnes treten mit besonderer Schärfe auf bei dem Ausdruck »andersartig genug, um ihm einen anderen Namen zu geben«. Denn ein hinreichender Unterschied ist gewiß nicht etwas, das dem Beobachter im beobachteten Objekt absolut gegeben wäre; er gewinnt seinen Sinn nur durch die besondere Regel, die man gerade befolgt. Aber es ist für Ayers Argumentation wesentlich, daß dieser Ausdruck unabhängig von jeder bestimmten Regel sinnvoll sein soll, denn er versucht ihn als die Basis zu verwenden, auf welcher die Möglichkeit einer von jeglichem gesellschaftlichen Kontext unabhängigen Regel beruhen soll. Ayer bedient sich auch des Arguments, daß »irgendein Mensch der erste gewesen sein muß, der ein Symbol gebrauchte«. Er möchte damit sagen, daß gesellschaftlich etablierte Regeln jedenfalls nicht die Voraussetzung *dieses* Gebrauchs gewesen sein könnten; und wenn dem so ist, könnten etablierte Regeln natürlich nicht die logisch notwendige Voraussetzung des Gebrauchs von Symbolen im allgemeinen sein. Dieses Argument ist verführerisch, aber trügerisch. Daraus, daß es einen Übergang gegeben haben muß von einem Zustand, in welchem es keine Sprache gab, zu einem Zustand, in welchem es Sprache gab, folgt keineswegs, daß es ein bestimmtes Individuum gegeben haben muß, das als erstes sich der Sprache bediente. Das ist ebenso absurd wie das Argument, ein bestimmter Mensch müsse als erster an einem Wettbewerb im Rangeln teilgenommen haben, sogar noch absurder. Die Unterstellung, daß die Sprache von irgendeinem Individuum *erfunden* worden sei, ist ganz unsinnig, wie Rush Rhees in seiner Entgegnung auf Ayer sehr schön zeigt. (28: S. 85–87) Wir vermögen uns Praktiken vorzustellen, die sich unter den Menschen der Frühzeit nach und nach entwickelt haben, von denen aber keine als eine Erfindung der Sprache gelten könnte; und dennoch, wenn diese Praktiken erst einmal einen gewissen Grad des Raffinements erreicht haben – es wäre ein Mißverständnis zu fragen, *welchen* Grad genau – können wir von diesen Menschen sagen, daß sie eine Sprache haben. Dies bedeutet eine Anwendung von so etwas wie dem Hegelschen Prinzip des Umschlagens der Quantität in die Qualität; ich werde es später ausführlicher behandeln.

Es gibt ein Argument gegen Wittgensteins Position, welchem Ayer besondere Wichtigkeit beizumessen scheint, denn er benutzt es nicht nur in der oben zitierten Schrift, sondern auch in seinem späteren Buch

The Problem of Knowledge. Eines der wichtigsten Argumente Wittgensteins lautet so:

Denken wir uns eine Tabelle, die nur in unsrer Vorstellung existiert; etwa ein Wörterbuch. Mittels eines Wörterbuchs kann man die Übersetzung eines Wortes X durch ein Wort Y rechtfertigen. Sollen wir es aber auch eine Rechtfertigung nennen, wenn diese Tabelle nur in der Vorstellung nachgeschlagen wird? – »Nun, es ist dann eben eine subjektive Rechtfertigung.« – Aber die Rechtfertigung besteht doch darin, daß man an eine unabhängige Stelle appelliert. – »Aber ich kann doch auch von einer Erinnerung an eine andre appellieren. Ich weiß (z. B.) nicht, ob ich mir die Abfahrzeit des Zuges richtig gemerkt habe und rufe mir zur Kontrolle das Bild der Seite des Fahrplans ins Gedächtnis. Haben wir hier nicht den gleichen Fall?« – Nein; denn dieser Vorgang muß nun wirklich die *richtige* Erinnerung hervorrufen. Wäre das Vorstellungsbild des Fahrplans nicht selbst auf seine Richtigkeit zu *prüfen*, wie könnte es die Richtigkeit der ersten Erinnerung bestätigen? (Als kaufte Einer mehrere Exemplare der heutigen Morgenzeitung, um sich zu vergewissern, daß sie die Wahrheit schreibt.)
In der Vorstellung eine Tabelle nachschlagen, ist so wenig ein Nachschlagen einer Tabelle, wie die Vorstellung des Ergebnisses eines vorgestellten Experiments das Ergebnis eines Experiments ist. (37: S. 395 f.)

Ayers Gegenargument ist, daß *jeder* Gebrauch einer Sprache, wie auch immer gesellschaftlich etabliert, der gleichen Schwierigkeit ausgesetzt sei. Denn, so sagt er, selbst wenn man sich bei einer bestimmten Gelegenheit eines von anderen Sprachbenutzern bestätigten Wortgebrauchs bedient, muß man immer noch *identifizieren*, was sie sagen. »Zweifellos können immer Fehler vorkommen; aber wenn man niemals eine Identifikation ohne weitere Kontrolle akzeptierte, würde man überhaupt nie etwas identifizieren. Und dann wäre ein deskriptiver Gebrauch der Sprache nicht möglich.« (3: Kap. 2, Abschnitt V) Strawson scheint auch zu meinen, Wittgenstein werde von einem solchen Einwand getroffen, denn er fragt sehr pointiert im Hinblick auf Wittgensteins Argumente: »Geraten wir jemals wirklich in die Lage, uns an sehr *einfache* Wörter unserer Alltagssprache falsch zu erinnern und uns durch Aufmerksamkeit auf den Sprachgebrauch anderer korrigieren zu müssen?« (32: S. 85)

Aber dieser Einwand ist verfehlt; Wittgenstein sagt nicht, jeder Akt der Identifikation bedürfe tatsächlich einer weiteren Kontrolle in dem Sinne, daß wir niemals unserer Urteile sicher sein könnten. Das würde so offenkundig zu einem unendlichen Regreß führen, daß es schwer fiele, sich einen Vertreter dieser Auffassung vorzustellen, der nicht ein System eines völligen Pyrrhonischen Skeptizismus verfechten wollte, was Wittgensteins Intentionen in der Tat sehr fernliegt. Vielmehr insistiert er gerade darauf, daß Rechtfertigungen irgendwo ein Ende finden müssen; und dies ist für viele seiner charakteristischsten Lehren grundlegend: beispielsweise für seine Behandlung der »Selbstverständlichkeit«, mit welcher Regeln im allgemeinen befolgt werden. Ayer und Strawson haben Wittgensteins Insistenz darauf mißverstanden, daß es *möglich* sein müsse, das Urteil eines einzelnen Individuums nach unabhängigen Kriterien zu kontrollieren (Kriterien, die unabhängig von dem Willen dieses Individuums etabliert sind); nur unter besonderen Umständen muß diese Kontrolle *tatsächlich* durchgeführt werden. Aber der Umstand, daß sie, wenn nötig, durchgeführt werden kann, macht einen Unterschied aus gegenüber denjenigen Fällen, in denen eine Kontrolle überhaupt nicht nötig ist. Ein individueller Gebrauch der Sprache steht nicht allein; er ist verständlich nur in dem allgemeinen Kontext, in welchem die Sprache gebraucht wird. Und ein wichtiger Bestandteil dieses Kontextes ist die Prozedur des Berichtigens, wenn Fehler unterlaufen sind, und des Kontrollierens, wenn Fehler vermutet werden.

II Das Wesen sinnvollen Verhaltens

1 *Philosophie und Soziologie*

Im siebten Abschnitt des vorigen Kapitels habe ich versucht, in allgemeiner Weise zu zeigen, ob und wie von der Philosophie, verstanden als die Erforschung der Natur des menschlichen Realitätsverständnisses, eine Erhellung der zwischenmenschlichen Beziehungen in der Gesellschaft erwartet werden kann. Die Behandlung Wittgensteins im achten und neunten Abschnitt hat diese Vermutung bestätigt. Denn sie hat gezeigt, daß die philosophische Klärung des menschlichen Erkenntnisvermögens und die damit zusammenhängenden Begriffe es erforderlich machen, diesen Begriffen im Kontext der in der Gesellschaft stattfindenden zwischenmenschlichen Beziehungen ihren Ort zuzuweisen. Soweit es in den letzten Jahren in der Philosophie eine wirkliche Revolution gegeben hat, liegt sie vielleicht in der Betonung dieser Tatsache und in der gründlichen Herausarbeitung ihrer Konsequenzen, die wir in Wittgensteins Werk finden. »Das Hinzunehmende, Gegebene – könnte man sagen – seien *Lebensformen.*« (37: S. 539)

Ich sagte bereits, daß das Verhältnis zwischen der Erkenntnistheorie und den peripheren Disziplinen der Philosophie solcherart ist, daß die erstere sich mit den allgemeinen Bedingungen befaßt, unter denen von

Erkenntnis gesprochen werden kann, während die letzteren die besonderen Formen zum Gegenstand haben, welche die Erkenntnis in bestimmten einzelnen Kontexten annimmt. Wittgensteins Bemerkung deutet eine Möglichkeit an, dies umzuformulieren: während der Philosophie der Wissenschaft, der Geschichte, der Kunst usw. die Aufgabe zukommt, die jeweilige Wesensart jener als »Wissenschaft«, »Kunst« etc. bezeichneten Lebensformen aufzuhellen, versucht die Erkenntnistheorie, die Implikationen des Begriffs einer Lebensform als solcher zu klären. Wittgensteins Analyse des Begriffs »einer Regel folgen« und seine Darlegungen über die von ihm implizierte besondere Art intersubjektiver Übereinkunft ist ein Beitrag zu dieser erkenntnistheoretischen Klärung.

Diese Folgerung hat wichtige Konsequenzen für unsere Auffassung der Sozialwissenschaft, insbesondere für den theoretischen Teil der allgemeinen Soziologie und für die Grundlagen der Sozialpsychologie. Bekanntermaßen war die Frage, welche Rolle die Soziologie im Verhältnis zu den anderen Sozialwissenschaften spielen soll, immer umstritten. Einige meinten, die Soziologie sollte die Sozialwissenschaft par excellence sein und durch eine Synthese der Resultate der speziellen Sozialwissenschaften wie Ökonomie und politische Theorie eine einheitliche Theorie der Gesellschaft im ganzen entwickeln. Andere wiederum wollten in der Soziologie einfach eine auf ein bestimmtes Sachgebiet beschränkte, allen anderen gleichgeordnete Sozialwissenschaft sehen. Aber welche dieser Ansichten man auch übernehmen mag, im Ergebnis kann man es kaum vermeiden, der Soziologie auch die Erörterung gesellschaftlicher Phänomene im allgemeinen zuzuschreiben; und eine solche Erörterung muß notwendigerweise unter den verschiedenen, der Erforschung der Gesellschaft gewidmeten Disziplinen einen besonderen Platz einnehmen. Denn all diese Disziplinen beschäftigen sich in der einen oder anderen Weise mit sozialen Phänomenen und erfordern deswegen eine klare Vorstellung von den Implikationen des Begriffs eines sozialen Phänomens. Darüber hinaus sind

alle Gegenstände der soziologischen Forschung, wie etwa die Soziologie der Stadt, Beziehungen zwischen Rassen, soziale Schichtung oder die Beziehung zwischen gesellschaftlichen Bedingungen und geistigen Gebilden (Wissenssoziologie) in Wahrheit schwer zu isolieren und haben den Charakter von *Gesamtphänomenen*, die mit der Gesellschaft im Ganzen und mit deren Wesen in Zusammenhang stehen. (Aron, *German Sociology*, engl. Üb., 1957, S. 119)

Es ist aber hier gezeigt worden, daß das Verstehen der Natur sozialer Phänomene im allgemeinen, d. h. die Klärung des Begriffs einer »Lebensform«, genau das Ziel der Erkenntnistheorie ist. Gewiß, der Ausgangspunkt des Erkenntnistheoretikers ist ein ganz anderer als der des Soziologen, aber wenn Wittgensteins Argumente zutreffen, muß der Erkenntnistheoretiker gerade dies früher oder später zu seinem Gegenstand machen. Das bedeutet, daß die Beziehungen zwischen Soziologie und Erkenntnistheorie anders und viel enger sein müssen als gewöhnlich angenommen wird. Die übliche Ansicht stellt sich mir etwa so dar: Jede wissenschaftliche Disziplin kann irgendwann in philosophische Schwierigkeiten geraten, die oft eine Revolution der grundlegenden Theorien ankündigen und vorübergehend Hindernisse auf dem Wege des wissenschaftlichen Fortschritts bilden. Die Schwierigkeiten des Begriffs der Gleichzeitigkeit, denen Einstein sich gegenübersah und die der Formulierung der speziellen Relativitätstheorie vorhergingen, können als Beispiel dienen. Sie zeigten viele Merkmale, die für philosophische Probleme typisch sind, und unterschieden sich merklich von den technischen theoretischen Problemen, die im normalen Ablauf des wissenschaftlichen Fortschritts gelöst werden. Nun wird oft angenommen, daß neu sich entwickelnde Disziplinen ohne gesicherte theoretische Grundlage, auf welcher die weitere Forschung aufbauen könnte, besonders dazu neigten, philosophische Probleme aufzuwerfen; doch das sei ein vorübergehendes Stadium, das durchlaufen und so bald wie möglich überwunden werden sollte. Meines Erachtens wäre es aber falsch, dies von der Soziologie zu sagen, denn die dort auftauchenden philosophischen Probleme sind nicht beschwerliche Fremdkörper, die entfernt werden müssen, bevor die Soziologie auf ihrer eigenen und unabhängigen wissenschaftlichen Bahn fortschreiten kann. Im Gegenteil, das zentrale Problem der Soziologie, von der Natur sozialer Phänomene im allgemeinen Rechenschaft zu geben, gehört selber der Philosophie an. Ja, um den Akzent etwas gröber zu setzen, dieser Teil der Soziologie ist in Wahrheit zu kurz gekommene Erkenntnistheorie. Ich sage »zu kurz gekommen«, weil die Probleme hier als besondere Gattung wissenschaftlicher Probleme weitge-

Suhrkamp Wissenschaft

Zweites Halbjahr 1974

Theodor W. Adorno, Enid Balint, Walter Benjamin, Ernst Bloch, Noam Chomsky, Jacques Derrida, Georges Devereux, Hans Peter Duerr, Bela Grunberger, Ch. L. Hart Nibbrig, Lawrence Kohlberg, Ernst Krenek, Antonio Labriola, Claude Lévi-Strauss, Rudolf zur Lippe, Alfred Lorenzer, Karl Menninger, Gunnar Myrdal, C. K. Ogden, Carl Pietzcker, Leo Rangell, I. A. Richards, Manfred Riedel, Paul Roazen, Gershom Scholem, M. G. Singer u. a.

Theodor W. Adorno: Gesammelte Schriften
Band 9: Soziologische Schriften 2

Herausgegeben von Rolf Tiedemann
Etwa 600 Seiten. Leinen. ca. DM 48,–. Kart. ca. DM 36,–

Der erste Band der *Soziologischen Schriften* Adornos enthielt die theoretischen Arbeiten, im zweiten folgen nun die mehr empirisch orientierten:
»Der gesellschaftlichen Forschung obliegt das Studium der dialektischen Wechselwirkung von rationalen und irrationalen Momenten... Der Chemismus von Massenbewegungen wäre an ihnen wie im Reagenzglas, in kleinem Maßstab und zu einem Zeitpunkt zu analysieren, da sie noch nicht ihre drohende Gewalt angenommen haben; solange Zeit bliebe, das Erkannte auf die Praxis anzuwenden« (Adorno).

Theodor W. Adorno: Gesammelte Schriften
Band 11: Noten zur Literatur

Herausgegeben von Rolf Tiedemann
Etwa 700 Seiten. Leinen. ca. DM 38,–. Kart. ca. DM 24,–

Adornos *Noten zur Literatur,* deren drei erste Teile in den 50er und 60er Jahren erschienen, liegen nunmehr, um einen vierten Teil erweitert, in einem Band vor. Sie enthalten – im emphatischen Sinn – Essays. Sie setzten zu einer Zeit, da es um die literarische Kritik in der Bundesrepublik nicht zum besten stand, neue Standards der literarischen Kritik und Deutung. Die *Noten zur Literatur* geben – etwa mit den Arbeiten über Hölderlin, Eichendorff, Heine, Balzac, Proust, Valéry – Modelle für ein reflektiertes Verhältnis zur geistigen Tradition und liefern überdies Modelle für ein produktives Verhältnis zum Ästhetischen, das immer auch ein gesellschaftlich Vermitteltes ist.

Theodor W. Adorno und Ernst Krenek: Briefwechsel

Herausgegeben von Wolfgang Rogge. Vorwort von Ernst Krenek
Etwa 300 Seiten. Leinen. ca. DM 38,–

Krenek, »neben Hindemith der markanteste Exponent der zweiten radikalen Komponisten-Generation, die auf Schönberg, seine nächste Schule, und auf Strawinsky und Bartók folgte«, und der Philosoph Adorno, der wohl bedeutendste Theoretiker der neuen Musik, Schüler Alban Bergs und selber Komponist, begegneten einander vorab in der fachtechnischen Diskussion des kompositorischen Metiers. Wahrscheinlich war Krenek der einzige Komponist, der dem Anspruch der philosophischen und soziologischen Analysen Adornos auch theoretisch gewachsen war. Der hier erstmals edierte Briefwechsel ist ein Dokument des Kampfes um die Durchsetzung der neuen Musik.

Carl Pietzcker: Die Lyrik des jungen Brecht

Vom anarchischen Nihilismus zum Marxismus
Etwa 320 Seiten. Kart. ca. DM 24,–

Obwohl der Lyriker Brecht Gegenstand einer Reihe von literaturwissenschaftlichen Untersuchungen geworden ist, fehlte es bislang an einer fundierten Analyse der lyrischen Produktion des jungen Brecht, die die Entwicklung des Dichters von einer individualistisch-anarchischen Position zum reifen marxistischen Kritiker der bürgerlichen Gesellschaft nicht als unvermittelten Bruch, sondern als Kontinuität und Konsequenz begreift. Pietzckers Arbeit will diese Lücke der Brecht-Forschung schließen. Sie geht von exemplarischen Einzelinterpretationen aus und sucht, immer wieder neu ansetzend, größere Komplexe und Entwicklungsstränge herauszuarbeiten und so zu einem einheitlichen Bild zu gelangen.

Studientexte

Christiaan L. Hart Nibbrig
Ja und Nein

Studien zur Konstitution von Wertgefügen in Texten
Etwa 200 Seiten. Kart. ca. DM 18,–

Daß es in der Literaturtheorie darum geht, einen werttheoretischen Ansatz mit dem kommunikationstheoretischen zu vermitteln, hat Hart Nibbrig von J. A. Richards gelernt. Seine Arbeit macht aus der Anschauung konkreter Beispiele heraus deutlich, daß beide Ansätze in der Wurzel zusammenhängen. Die gewählten »konkreten Beispiele« decken ein Spektrum ab von Heintje-Liedern und Werbetexten über Gottfried Keller, Conrad Ferdinand Meyer und Adalbert Stifter bis Goethe, Nietzsche und Benjamin.

Hans Peter Duerr
Ni Dieu — ni mètre

Anarchische Bemerkungen zur Bewußtseins- und Erkenntnistheorie
Etwa 200 Seiten. Kart. ca. DM 20,–

In einer Absage an die Dialektik in ihren hegelianischen und marxistischen Spielarten einerseits, den Szientismus des »Kritischen Rationalismus« andererseits, aber auch an die Metaphysik des späten Wittgenstein entwickelt H. P. Duerr Gedanken zur Begründung der Erkenntnis, zu den angeblichen logischen Paradoxien, zur Skepsis, zur Struktur des Selbstbewußtseins, zum Leib-Seele-Problem, zu den verschiedenen materialistischen Bewußtseinstheorien sowie zum Problem der sog. gesellschaftlichen Totalität.

Antonio Labriola: Über den historischen Materialismus

Hrsg. von Anneheide Ascheri – Osterlow und Claudio Pozzoli Einleitung von Claudio Pozzoli. 432 Seiten. Kart. DM 26,–

Für Labriola (1843–1904) ist »der historische Materialismus in gewissem Sinne der ganze Marxismus«, und die marxistische Philosophie konzipiert er wesentlich als »Philosophie der Praxis«. Von dieser Position aus kritisiert er entschieden die damals grassierende Faktorentheorie: die Gesellschaft ist für ihn ein komplexes Ganzes, das nur in seinen historischen Veränderungen verstanden, nicht jedoch deterministisch erklärt werden kann.

Ludwig Feuerbach: Werke in sechs Bänden

Herausgegeben von Erich Thies
Je Band 350 bis 450 Seiten. Balacron. Je ca. DM 14,–. Subskriptionspreis ca. DM 12,–. Band 1 und 2 erscheinen im Herbst 1974

Plan der Ausgabe:
Band 1 Frühe Schriften (1828–1830)
Band 2 Kritiken und Abhandlungen I (1832–1839)
Band 3 Kritiken und Abhandlungen II (1839–1843)
Band 4 Kritiken und Abhandlungen III (1844–1866)
Band 5 Das Wesen des Christentums (1841)
Band 6 Manuskripte aus dem Nachlaß, Briefe und Dokumente. Bibliographie und Personenregister

Gunnar Myrdal: Anstelle von Memoiren

Etwa 350 Seiten. Leinen. ca. DM 36,–

In *Anstelle von Memoiren* will Gunnar Myrdal ein Fazit ziehen aus dem, was ihn als Wissenschaftler »ein Leben lang« beschäftigt hat – Myrdal: »Dieses Buch ersetzt die Memoiren, die ich niemals schreiben werde.«

Liegt nun nach den großen weltweiten Erfolgen von *Asiatisches Drama* und *Politisches Manifest über die Armut in der Welt* die Erwartung nahe, Myrdal bliebe bei seinem Gegenstand, die Probleme der Dritten Welt, so ist es beinahe überraschend, beim Rückgriff auf seine früheren Arbeiten zu sehen, daß Myrdal als Sozialwissenschaftler doch vor allem anderen Ökonom ist und war: Den in diesem Buch vorgestellten kritischen Studien zur ökonomischen Theorie liegen Aufsätze zugrunde, die zurückreichen bis in die Anfänge seiner wissenschaftlichen Arbeit.

Das große Ansehen, das Gunnar Myrdal als Sozialwissenschaftler allgemein genießt, hat er sich nicht dadurch erkauft, daß er – sei es in seinen politisch relevanten Arbeiten oder in seinen mehr theoretischen – mit dem Strom wohlmeinender Opportunität schwamm – und so tragen seine »Memoiren« in Amerika und England sehr treffend den Titel *Against the Stream*.

Literatur der Psychoanalyse

Herausgegeben von Alexander Mitscherlich

Bela Grunberger: Vom Narzißmus zum Objekt

Aus dem Französischen von Peter Canzler
Etwa 280 Seiten. Kart. ca. DM 24,–

Diese Aufsatzsammlung will erstens die Aufmerksamkeit auf das Spezifische des narzißtischen Syndroms lenken. Weiter will sie seinen Stellenwert innerhalb der Freudschen Triebtheorie bezeichnen. Drittens will sie die Bedeutung des Narzißmuß für das Verständnis bestimmter Aspekte der Humanpsychologie aufzeigen.

Leo Rangell
Gelassenheit und andere menschliche Möglichkeiten

Aus dem Amerikanischen von Annemarie Droß
Etwa 320 Seiten. Leinen. ca. DM 36,–

Die hier zusammengefaßten Arbeiten zeichnen sich durch große klinische und theoretische Sachkenntnis aus. Sie gehören zu den bedeutenden Beiträgen der Psychoanalyse der letzten Jahre. Dem Leser wird der Stoff leichter erschlossen, weil der Autor die Vielseitigkeit seiner Interessen klar mitzuteilen versteht.

Fünf Minuten pro Patient

Psychotherapeutische Möglichkeiten des praktischen Arztes
Balints »flash«-Therapie. Hrsg. von Enid Balint und J. S. Norell.
Aus dem Engl. von Käthe Hügel. Etwa 220 Seiten. Kart. ca. DM 20,–

Das Forschungsprojekt dieses letzten Balint-Seminars hat sich die Frage gestellt, ob der psychologisch interessierte Arzt lernen kann, innerhalb seiner Routinepraxis eine Methode zu handhaben, die es ihm erlaubt, seine Patienten zu verstehen. Diese Methode ist der »flash«, das blitzlichthafte Aufleuchten eines gegenseitigen Verständnisses zwischen Patient und Arzt.

Karl Menninger: Selbstzerstörung

Psychoanalyse des Selbstmords. Aus dem Amerikanischen von Hilde Weller. Etwa 520 Seiten. Leinen. ca. DM 58,–

Das vorliegende Buch ist die erste und bisher in dieser Ausführlichkeit wohl einzige umfassende Darstellung der Problematik des Selbstmords in seinen verschiedensten Erscheinungsformen. Die dabei von .Menninger zugrunde gelegten psychoanalytischen Gesichtspunkte haben trotz der Umwälzungen, die die letzten Jahrzehnte mit sich brachten, nichts von ihrer Gültigkeit verloren.

Alfred Lorenzer
Die Wahrheit der psychoanalytischen Erkenntnis

Ein historisch-materialistischer Entwurf
Etwa 320 Seiten. Leinen. ca. DM 24,–

Radikaler als Apel und Habermas – radikaler, weil er seine Metatheorie explizit in der Perspektive des historischen Materialismus entfaltet – begründet Lorenzer, im Gegensatz zu der bislang dominanten Lehre von der Psychoanalyse als einer »Naturwissenschaft des Seelischen«, das psychoanalytische Verfahren als kritisch-hermeneutische Operation. Der durch Marx gesetzte gesellschaftstheoretische Rahmen erlaubt es dem Autor, die traditionelle psychoanalytische Theorie so zu befragen, daß deren ideologische Befangenheit durchschaut werden kann. Es geht, mit einem Wort, darum, ob Psychoanalyse als Anpassungstechnik oder als emanzipativer Prozeß anzusehen ist.

Rudolf zur Lippe: Naturbeherrschung am Menschen

Band 1: Körpererfahrung als Entfaltung von Sinnen und Beziehungen in der Ära des italienischen Kaufmannskapitals
Band 2: Die Geometrisierung des Menschen und die Repräsentation des Privaten im französischen Absolutismus
2 Bde. Etwa 832 Seiten. Zusammen. Leinen ca. DM 78,–. Kart. ca. DM 54,–

Was zur Lippe in seiner Studie strategisch ins Auge faßt, wird in der Einleitung klar formuliert: »Gerade um der notwendigen Fortschritte auf dem Weg zu einer menschlicheren Geschichte willen können wir es uns nicht länger leisten, die innere Natur von Menschen als bloße Zugabe zu behandeln« – nicht zuletzt der ästhetische Einstieg in die geschichtsphilosophische Frage nach der Veränderbarkeit der Resultate der Klassengeschichte ermöglicht es, die Dialektik von Naturbeherrschung und innerer Verelendung epochenspezifisch zu rekonstruieren.

Jacques Derrida: Grammatologie

Aus dem Franz. von Hans-Jörg Rheinberger und Hanns Zischler
Etwa 500 Seiten. Leinen. ca. DM 58,–

Mit Derridas Büchern *Die Schrift und die Differenz* und *Grammatologie* ist der französische Strukturalismus in das Stadium seiner Selbstreflexion und seiner Selbstüberwindung eingetreten.
Im ersten Teil des Buches, »Die Schrift vor dem Buchstaben«, werden eine theoretische Grundlage entworfen, historische Wegmarken gewiesen und eine Reihe von kritischen Begriffen vorgeschlagen. Der zweite Teil, »Natur, Kultur, Schrift«, überprüft diese Begriffe an einem Beispiel, das ein Schlüsseltext des europäischen Logozentrismus ist: Rousseaus *Essai sur l'origine des langues.*

Theorie

Hrsg. von Jürgen Habermas, Dieter Henrich und Jacob Taubes

Lawrence Kohlberg
Zur kognitiven Entwicklung des Kindes

Drei Aufsätze. Aus dem Englischen von Nils Thomas Lindquist
Etwa 450 Seiten. ca. DM 28,–

In den drei Beiträgen dieses Bandes wird eine Fülle von empirischem Material kritisch auf- und theoretisch durchgearbeitet. Der große Aufsatz »Stufe und Sequenz« entfaltet die Kohlbergsche Position und Methode. Die Arbeit über »Privatsprache« entscheidet den Disput zwischen Piaget und Wygotski über egozentrisches Sprechen eher zugunsten des letzteren. Die »Analyse der Geschlechtsrollen-Konzepte und -Attitüden« bringt neue Orientierungen in einem heute überaus aktuellen Forschungsbereich.

Georges Devereux: Das Normale und das Abnorme

Aufsätze zur allgemeinen Ethnopsychiatrie. Vorwort von Erich Wulff. Aus dem Französischen von Nils Thomas Lindquist
Etwa 280 Seiten. ca. DM 18,–

Die Methode von G. Devereux ist die des *Komplementarismus*. Das impliziert die gegenseitige Ergänzung und Korrektur verschiedener Forschungsansätze. So kann die Ethnologie einen ethnozentrischen Imperialismus der Psychoanalyse bewußt machen und damit korrigieren, die Psychoanalyse umgekehrt universelle psychische Mechanismen herausarbeiten, die dem kulturalistischen Relativismus mancher ethnologischer Forscher verborgen bleiben.

C. K. Ogden / I. A. Richards
Die Bedeutung der Bedeutung

(The Meaning of Meaning)
Eine Untersuchung des Einflusses der Sprache auf das Denken und der Wissenschaft des Symbolismus
Supplement: Bronislaw Malinowski, Das Problem der Bedeutung in primitiven Sprachen
Aus dem Englischen von Gert H. Müller
Etwa 400 Seiten. ca. DM 28,–

Die Autoren führen die Begriffe der Zeichen- und der Symbol-Situation und des Situationskontextes ein, die dem, was heute in den linguistischen und semiotischen Theorien als »Pragmatik« neu entdeckt wird, schon recht nahe kommen: Sprechen und Verstehen vollzieht sich stets in konkreten Situationen und gesellschaftlich vermittelten Kontexten, und nur in ihnen kann »Bedeutung« überhaupt Bedeutung haben.

Theorie-Diskussion: Praktische Philosophie und konstruktive Wissenschaftstheorie

Hrsg. von Friedrich Kambartel. Etwa 250 Seiten. ca. DM 16,–

In den letzten Jahren hat die konstruktive Wissenschaftstheorie vieldiskutierte Vorschläge zum Verständnis der Rechtfertigung von Zwecken und Handlungsweisen vorgelegt. Es ist unübersehbar, daß diese Vorschläge vieles mit den von Habermas gegebenen Analysen des praktischen Diskurses gemeinsam haben; jedoch sind von seiten der kritischen Theorie inzwischen distanzierend Einwände formuliert worden. Der Band enthält daher neben Beiträgen, die den konstruktivistischen Ansatz vorstellen, eine von einer Frankfurter Arbeitsgruppe vorgetragene Kritik, zusammen mit einer Erwiderung von Schwemmer.

Theorie-Diskussion: Theorien der Wissenschaftsgeschichte

Beiträge zur diachronischen Wissenschaftstheorie
Hrsg. von Werner Diederich. 312 Seiten. Kart. ca. DM 14,–

Die Wissenschaftstheorie wird gegenwärtig stark von der Auseinandersetzung mit der Wissenschaftsgeschichte bestimmt, herausgefordert durch Thomas S. Kuhns Buch *Die Struktur wissenschaftlicher Revolutionen.* Die Aufsätze dieses Bandes stehen in dem Kontext dieser international geführten Diskussion.

Theorie-Diskussion: Supplement 2 Theorie der Gesellschaft oder Sozialtechnologie

Neue Beiträge zur Habermas-Luhmann-Diskussion
Hrsg. von Franz Maciejewski. 240 Seiten. Kart. ca. DM 16,–

Kaum ein anderes Buch dürfte in den letzten Jahren eine solche Resonanz quer durch die Sozialwissenschaften gefunden haben wie der Diskussionsband, in dem J. Habermas und N. Luhmann über die Frage »Theorie der Gesellschaft oder Sozialtechnologie« stritten. Der vorliegende Band setzt die Diskussion fort und führt sie zurück zu ihrem soziologischen und politologischen Kerngehalt.

Abraham Cohen Herrera: Die Pforte der Himmel

Aus dem Lateinischen von Friedrich Häußermann. Mit einer Einleitung von Gershom Scholem. Etwa 300 Seiten. ca. DM 28,–

Herreras *Himmelspforte* ist ein Werk aus der jüdischen Kabbala und hat für deren Geschichte große Bedeutung: sie ist der erste Text dieser Tradition, der in einer lateinischen Übertragung zum Druck kam und so den philosophisch und theologische Interessierten auch der christlichen Welt des 17. Jahrhunderts erreicht.
Gershom Scholems Einleitung stellt die *Himmelspforte* in ihren geistesgeschichtlichen Zusammenhang.

Claude Lévi-Strauss: Mythologica IV
Der nackte Mensch

Aus dem Französischen von Eva Moldenhauer
Etwa 900 Seiten. Leinen. 2 Teilbände à ca. DM 48,–. Kassette ca. DM 86,–

Im Mittelpunkt dieses vierten Bandes steht der in vielen Varianten anzutreffende Mythos vom nackten Menschen: der Held, Herr der Jagd und der reichsten Kleidung, wird von seinem Vater, den Begierde nach den Frauen seines Sohnes übermannt, gezwungen, sich auszuziehen und nackt auf einen Baum zu klettern, um dort Vögel aus dem Nest zu holen. Er erreicht den Himmel, in den er lange Zeit verbannt bleibt ... Das ist eines jener mythischen Grundmuster, »auf welche die Menschen seit hunderttausenden von Jahren immer wieder zurückkommen, um ihre theoretischen Probleme zu lösen«. Lévi-Strauss verfolgt solche Muster durch ihre zahlreichen Modifikationen, Verwandlungen, Umkehrungen, in denen sich jeweils veränderte Umwelt- und soziale Bedingungen ausdrücken. In einem Interview sagte er nach Abschluß seiner *Mythologica*: »Ich versuche zu tun, was Marx als notwendig angesehen hat, wozu er aber nicht die Zeit hatte oder was er jedenfalls nicht selbst tun wollte: das heißt, den Überbau in seinem Zusammenhang mit dem Unterbau zu prüfen; ich halte mich dabei an ganz elementare Dinge ...«

Marcus George Singer
Verallgemeinerung in der Ethik

Zur Logik moralischen Argumentierens. Aus dem Amerikanischen von Claudia Langer und Brigitte Wimmer
Etwa 400 Seiten. Leinen. ca. DM 38,–. Kart. ca. DM 28,–

Das Buch behandelt die Frage, wie man zwischen richtigem und nicht richtigem Handeln unterscheiden kann. Fundamental für diese Unterscheidung ist nach Singer das Verfahren der Generalisierung, das in der Form der Frage: »Was würde passieren, wenn das jeder täte?« allen vertraut ist. Daß die Konsequenzen verheerend wären, gilt allgemein als guter Grund für die Folgerung, man solle die Handlung unterlassen. Solche Überlegungen gehören einem Argumentationstyp an, den Singer als »*Argument* der Generalisierung« so formuliert: »Wenn jeder das täte, wären die Folgen nicht wünschenswert; daher sollte niemand das tun.« Vorausgesetzt ist in diesem Argument das *Prinzip* der Generalisierung, das in der Tradition auch als Prinzip der Gerechtigkeit, Fairneß oder Unparteilichkeit bekannt ist: »Was für eine Person richtig (oder nicht richtig) ist, muß auch für jede andere Person mit ähnlichen individuellen Voraussetzungen und unter ähnlichen Umständen richtig sein.«

Ernst Bloch: Das Experiment Welt
Gesammelte Schriften, Band 15

Zentren der Kategorienlehre
Etwa 260 Seiten. Leinen. ca. DM 32,–. Kart. ca. DM 22,–

Mit seinem neuen *magnum opus* legt Ernst Bloch etwas vor, was dem Kenner seines Werks als paradox erscheinen mag: den Grundriß eines philosophischen Systems, einer systematischen Kategorienlehre. Paradox muß das deshalb erscheinen, weil die Blochsche Philosophie in hohem Maße offen, antisystematisch, eine Philosophie des Prozesses und des Werdens, des Noch-Nicht ist. Der Widerspruch, daß eine Philosophie systematisch-geschlossen und zugleich unsystematisch-offen ist, löst sich dann auf, wenn man mit Bloch den Systemgedanken selber neu faßt: System heißt bei ihm nicht, daß etwas ein für alle Male statisch und fix ist, sondern daß im Invarianten die Momente und Potenzen seiner Veränderung angelegt sind. Indem Bloch den Systemgedanken derart dialektisch ausbaut, kann er Geschichte als zusammenhängenden Prozeß, als historisch-materialistische Kontinuität konstruieren, d. h. er kann sie als Einheit fassen, ohne doch über ihrer Einheit ihre grundsätzliche Wandelbarkeit aus den Augen zu verlieren.

Manfred Riedel: Metaphysik und Metapolitik

Studien zu Aristoteles und zur politischen Sprache der neuzeitlichen Philosophie
Etwa 300 Seiten. Linson. ca. DM 36,–

Manfred Riedels Untersuchungen, Prolegomena zu einer »Kritik der politischen Vernunft«, knüpfen einmal im Ausgang von der begriffsgeschichtlichen Methode der philosophischen Hermeneutik Gadamers und der Heidelberger Historikerschule um W. Conze und R. Koselleck an J. Ritters Fragestellung nach dem systematischen Zusammenhang von Metaphysik und Politik in der Philosophie zwischen Aristoteles und Hegel an. Zum anderen beziehen sie sich, rezipierend und kritisch zugleich, auf die der angelsächsischen Kultur des Philosophierens – im Unterschied zur kontinentalen philosophischen Tradition – selbstverständliche Disziplin der »political philosophy«, wie sie z. B. seit langem Leo Strauss und seine Schule vertreten. Das Schwergewicht des I. und II. Teils liegt auf eindringlichen Analysen zu Sprache und Bauform der Aristotelischen Politik sowie zu Spuren ihrer unmittelbaren Rezeptions- und Wirkungsgeschichte. Schwerpunkt des III. Teils ist der ebenso vielschichtige wie schwer überschaubare Argumentationsprozeß, den die politische Philosophie der Neuzeit (exemplarisch bei Hobbes und Kant) auf der Grundlage eines seit Galilei veränderten Verständnisses von Metaphysik und Metapolitik gegen Aristoteles führt.

Walter Höllerer
Zwischen Klassik und Moderne
stw 82 (IV)

Materialien zu Kants ›Kritik der reinen Vernunft‹
stw 58 (IV)

Materialien zu Kants ›Kritik der praktischen Vernunft‹
stw 59 (III)

Friedrich Albert Lange
Geschichte des Materialismus
2 Bd. stw 70 (III)

Paul Lorenzen
Konstruktive Wissenschaftstheorie
stw 93 (IV)

Wolfgang Mommsen
Max Weber
stw 53 (III)

James O'Connor
Die Finanzkrise des Staates
stw 83 (III)

Alfred Schütz
Der sinnhafte Aufbau der sozialen Welt
stw 92 (IV)

Seminar: Abweichendes Verhalten
4 Bände
Bd. 1: Die selektiven Normen der Gesellschaft
stw 84 (IV)
Bd. 2: Die gesellschaftliche Reaktion auf Kriminalität
stw 85 (IV)

Seminar: Ethik und Sprache. Zur Entwicklung der Metaethik
stw 91 (IV)

Seminar: Ethnomethodologie.
Beiträge zu einer phänomenologischen Soziologie des Alltagslebens
stw 71 (III)

Seminar: Medizin, Gesellschaft, Geschichte
stw 67 (III)

Seminar: Primatenkommunikation
stw 63 (IV)

Seminar: Der Regelbegriff in der praktischen Semantik
stw 94 (IV)

Helmut Spinner
Pluralismus als Erkenntnismodell
stw 32 (III)

Peter Szondi
Das lyrische Drama des Fin de Siècle
stw 90 (IV)

Peter Szondi
Poetik und Geschichtsphilosophie II
stw 72 (III)

Ian Watt
Der Aufstieg des Romans
stw 78 (IV)

Bitte fordern Sie den ausführlichen Prospekt *suhrkamp taschenbücher wissenschaft an.*

Suhrkamp Verlag, 6 Frankfurt 1, Lindenstr. 29–35, Postfach 4229
Redaktionsschluß: 20. 6. 1974, Titelnummer 99130
Angaben ohne Gewähr.

hend falsch gestellt und darum falsch behandelt worden sind.
Die übliche Behandlung der Sprache in Lehrbüchern der Sozialpsychologie zeigt, zu welchen Unangemessenheiten das führen kann. Die Frage, was Sprache sei, ist eindeutig von grundlegender Bedeutung für die Soziologie, weil sie uns unmittelbar dem ganzen Problem gegenüberstellt, in welcher charakteristischen Weise sich die Menschen in der Gesellschaft gegenseitig beeinflussen. Aber die wichtigen Fragen werden gewöhnlich umgangen. Man findet zwar Beispiele dafür, wie analoge Begriffe in den Sprachen verschiedener Gesellschaften voneinander abweichen, vielleicht auch einen Hinweis darauf, wie solche Abweichungen mit Unterschieden der Interessen korrespondieren, die für das in diesen Gesellschaften geführte Leben charakteristisch sind. All dies kann interessant und sogar erhellend sein, wenn es als Illustrationsmittel dient in einer Erörterung der Frage, was es für die Menschen bedeutet, überhaupt eine Sprache zu haben. Aber das findet man kaum jemals. Statt dessen wird der Besitz einer Sprache und alles, was damit zusammenhängt: Bedeutung, Verständlichkeit usw., als gegeben hingenommen. Es wird der Eindruck erweckt, als sei da zunächst einmal Sprache (mit Wörtern, welche Bedeutungen haben, und Aussagen, die wahr oder falsch sein können), und dann trete diese, als Gegebene, in zwischenmenschliche Beziehungen ein und werde durch deren jeweiligen Charakter modifiziert. Verfehlt wird der Sachverhalt, daß jene Kategorien der Bedeutung etc. schon ihrem Sinne nach von gesellschaftlichen

Wechselbeziehungen *logisch* abhängen. Sozialpsychologen zollen diesem Umstand bisweilen Lippendienst. So wird uns etwa gesagt, daß »Begriffe Produkte der Wechselbeziehungen vieler Menschen sind, die die wichtige Aufgabe erfüllen, in Gruppen zusammen zu leben« (30: S. 456). Aber die Autoren gehen dem nur soweit nach, daß sie ein paar Bemerkungen darüber machen, wie *einzelne* Begriffe die Eigentümlichkeit der Gesellschaft, in welcher sie geläufig sind, widerspiegeln. Es bleibt unerörtert, inwieweit die bloße Existenz von Begriffen vom Gruppenleben abhängt. Daß sie das Gewicht dieser Frage nicht verstehen, zeigt sich dann, wenn sie davon sprechen, daß Begriffe »Generalisierungen verkörpern«; denn was Begriffe sind, läßt sich nicht mit dem Begriff der Generalisierung erklären. Die Menschen bilden nicht zuerst Generalisierungen und verkörpern sie dann in Begriffen: nur kraft ihres Verfügens über Begriffe können sie überhaupt generalisieren.

2 *Sinnvolles Verhalten*

Wittgensteins Überlegungen darüber, was es heißt, einer Regel zu folgen, werden grundsätzlich im Hinblick auf eine Klärung des Wesens der Sprache vorgetragen. Ich muß nun zeigen, daß sie auch auf andere Wechselbeziehungen zwischen Menschen Licht werfen können. Die Verhaltensweisen, um die es geht, sind natürlich solche, auf die sich analoge Kategorien anwenden lassen, d. h. solche, denen sinnvollerweise eine

Bedeutung, ein *symbolischer Charakter* zugeschrieben werden kann. Mit Max Weber zu reden, befassen wir uns mit menschlichem Verhalten, »wenn und insofern als der oder die Handelnden mit ihm einen subjektiven *Sinn* verbinden« (33: Kap. 1, § 1). Ich möchte nun die Implikationen dieser Idee des sinnvollen Verhaltens betrachten.

Weber sagt, daß der »Sinn«, von dem er spricht, ein »subjektiv gemeinter« sei; und er schreibt dem Begriff sinnvollen Verhaltens einen engen Zusammenhang mit Begriffen wie *Motiv* und *Grund* zu. »›Motiv‹ heißt ein Sinnzusammenhang, welcher dem Handelnden selbst oder dem Beobachtenden als sinnhafter ›Grund‹ eines Verhaltens erscheint.« (*Ibid.*)

Wir wollen einige Beispiele von Handlungen betrachten, die *aus einem Grunde* ausgeführt werden. Angenommen, es werde von einer Person *N* gesagt, sie habe bei den letzten allgemeinen Wahlen deswegen für Labour gestimmt, weil sie dachte, eine Labour-Regierung werde am ehesten den wirtschaftlichen Frieden erhalten. Welche Art von Erklärung ist dies? Der einfachste Fall ist der, daß *N* vor dem Wählen das Für und Wider einer Stimmabgabe für Labour diskutiert hat und ausdrücklich zu dem Ergebnis gekommen ist: »Ich werde Labour wählen, weil das die beste Möglichkeit ist, den wirtschaftlichen Frieden zu erhalten.« Dieser Fall ist ein Paradigma dafür, daß jemand eine Handlung aus einem Grunde ausführt. Damit soll nicht bestritten werden, daß man in manchen Fällen, selbst wenn *N* einen expliziten Prozeß rationaler Überlegungen durchlaufen hat, bezweifeln kann, ob der von ihm angegebene Grund der wirkliche Grund seines Verhaltens ist. Aber oft bleibt für einen Zweifel kein Raum: andernfalls wäre die Vorstellung vom *Grund einer Handlung* in Gefahr, ihren Sinn völlig einzubüßen. (Dieser Punkt wird weiter unten, wenn ich das Werk Paretos behandle, größere Bedeutung gewinnen.)

Der von mir als Paradigma gewählte Fall ist nicht der einzige, den Webers Begriff deckt. Aber das Paradigma läßt einen Zug hervortreten, von dem ich glaube, daß er von allgemeinerer Bedeutung ist. Angenommen, ein Beobachter O erklärt die Tatsache, daß *N* die Labour Party gewählt hat, in der obigen Weise; dann sollte man sich bewußt sein, daß das Gewicht der von O gegebenen Erklärung davon abhängt, daß die in ihr vorkommenden Begriffe nicht nur von O und seinen Zuhörern verstanden werden, sondern auch von *N* selbst. *N* muß eine Vorstellung davon haben, was »Erhaltung des wirtschaftlichen Friedens« ist, und von einem möglichen Zusammenhang zwischen ihr und jener Regierung, die er sich von einem Wahlsieg der Labour Party erwartet. (Für meine gegenwärtigen Zwecke ist es unnötig, die Frage aufzuwerfen, ob *N*'s Ansichten in einem bestimmten Fall zutreffend sind oder nicht.)

Nicht alle Fälle sinnvollen Verhaltens sind so eindeutig wie dieser. Hier einige Beispiele von mittlerer Bestimmtheit. Es könnte sein, daß *N* vor der Stimmabgabe keinerlei Begründung seiner Wahlentscheidung formuliert hat. Aber das würde nicht strikt die Möglichkeit ausschließen zu sagen, er habe einen Grund dafür, daß er Labour wählte, und diesen Grund zu spezifizieren. Und in diesem Fall ist, ebenso wie bei dem Paradigma, die Annehmbarkeit einer solchen Erklärung davon abhängig, ob *N* die in ihr vorkommenden Begriffe versteht. Wenn *N* den Begriff des wirtschaftlichen Friedens nicht versteht, muß es sinnlos sein zu sagen, der Grund irgendeiner seiner Handlungen sei das Bedürfnis, den wirtschaftlichen Frieden zu fördern.

Einen Fall, der meinem Paradigma noch ferner steht, behandelt Freud in der *Psychopathologie des Alltagslebens*. *N* vergißt einen Brief aufzugeben und beharrt selbst nach einigem Nachdenken darauf, daß dies »einfach ein Versehen« gewesen sei und keinen Grund habe. Ein Freudianischer Beobachter könnte darauf bestehen, daß *N* »einen Grund gehabt haben müsse«, auch wenn er ihm nicht bewußt sei: in der Annahme vielleicht, *N* habe unbewußt das Aufgeben des Briefes mit irgend etwas in seinem Leben, das ihm Schmerz bereite und das er unterdrücken wolle, in Verbindung gebracht. In Weberschen Ausdrücken: Freud klassifiziert Handlungen als »sinnhaft orientiert«, die für den oberflächlichen Betrachter gar keinen Sinn haben. Weber scheint auf Fälle dieser Art Bezug zu nehmen, wenn er, in seiner Erörterung der Grenzfälle, von Handlungen spricht, deren Sinn nur dem »Experten« zugänglich ist. Das bedeutet, daß seine Charakterisierung von *Sinn* als einem »subjektiv gemeinten« mit Vorsicht behandelt werden muß, vorsichtiger beispielsweise als Morris Ginsberg es tut, der anzunehmen scheint, nach Weber müsse das soziologische Verstehen des Verhaltens anderer Menschen auf der Analogie mit eigener introspektiver Erfahrung fußen. (Siehe 11: S. 153 ff.) Dieses Mißverständnis Webers ist sowohl unter seinen Kritikern als auch unter seinen vulgarisierenden Anhängern sehr verbreitet; ich werde später mehr darüber sagen. Aber Webers Insistieren auf dem subjektiven Gesichtspunkt kann so interpretiert werden, daß es Ginsbergs Einwänden nicht ausgesetzt ist. Man kann Weber so auffassen: selbst Erklärungen des Freudschen Typus müssen sich, wenn sie annehmbar sein sollen, im Rahmen von Begriffen halten, die sowohl dem Handelnden als auch dem Beobachter bekannt sind. Es wäre sinnlos zu sagen, daß *N*'s Versäumnis, einen Brief an *X* aufzugeben, Ausdruck seines unbewußten Grolls darüber ist, daß *X* über seinen Kopf hinweg befördert wurde, wenn *N* selbst nicht wüßte, was »über jemandes Kopf hinweg befördert werden« heißt. Es ist hier auch erwähnenswert, daß Freudianer, die im Verlauf der Psychotherapie nach Erklärungen dieser Art suchen, den Patienten dahin bringen möchten, die Gültigkeit der angebotenen Erklärung selbst anzuerkennen, ja daß dies beinahe eine Bedingung dafür ist, daß sie als die »richtige« Erklärung angesehen wird.

Die Kategorie des sinnvollen Verhaltens erstreckt sich auch auf Handlungen, für die der Betreffende keinerlei »Grund« oder »Motiv« in einer der bisher erwähnten Bedeutungen hat. Im ersten Kapitel von *Wirtschaft und Gesellschaft* kontrastiert Weber sinnvolles Handeln mit »bloß reaktivem« Handeln und sagt, rein *traditionales* Handeln liege an der Grenze zwischen beiden Kategorien. Aber wie Talcott Parsons hervorhebt, ist Weber in seinen Äußerungen hierüber nicht konsequent. Bisweilen scheint er traditionales Verhalten einfach als eine Art von Gewohnheit zu betrachten, an anderen Stellen aber sieht er es als einen Typus sozialen Handelns, dessen Traditionalismus in der Unveränderlichkeit gewisser Wesensmerkmale, in deren Immunität gegenüber rationaler oder sonstiger Kritik besteht. (Vgl. 24: Kap. 16) Wirtschaftliches Verhalten im Hinblick auf einen fixierten Lebensstandard wird als Beispiel herangezogen, das heißt ein Verhalten, bei dem jemand ein Anwachsen der Produktivitätsrate seiner Arbeit nicht zu einer Hebung seines Lebensstandards ausnutzt, sondern statt dessen weniger arbeitet. Parsons bemerkt, daß Tradition in diesem Sinne nicht bloßer Gewohnheit gleichgesetzt werden kann, sondern einen *normativen* Charakter besitzt. Das heißt, die Tradition wird als ein Standard betrachtet, welcher Entscheidungen zwischen möglichen Handlungen bestimmt. Als ein solcher fällt sie eindeutig unter die Kategorie des *Sinnhaften.*

Nehmen wir an, *N* wähle Labour, ohne zu überlegen und ohne hinterher, wie sehr er auch bedrängt würde, irgendwelche Gründe angeben zu können. Angenommen, er folgt ohne Bedenken dem Beispiel seines Vaters und seiner Freunde, die immer Labour gewählt haben. (Dieser Fall muß unterschieden werden von jenem, wo es gerade *N*'s *Grund* ist, Labour zu wählen, daß sein Vater und seine Freunde dies immer getan haben.) Obwohl nun *N* hier nicht aus einem Grunde handelt, hat sein Handeln doch einen eindeutigen Sinn.

Er macht nicht *bloß* ein Zeichen auf einem Stück Papier; er *gibt seine Stimme ab.* Und was ich fragen möchte, ist dies: was gibt seiner Handlung *diesen* Sinn und nicht etwa den, ein Zug in einem Spiel oder Teil eines religiösen Rituals zu sein? Allgemeiner ausgedrückt: nach welchen Kriterien unterscheiden wir Handlungen, die einen Sinn haben, von solchen, die keinen haben?

In einem Aufsatz unter dem Titel *R. Stammlers »Überwindung« der materialistischen Geschichtsauffassung* betrachtet Weber den hypothetischen Fall, daß zwei außerhalb jeder »sozialen Beziehung« stehende Wesen einander treffen und in einem rein physischen Sinn Objekte »austauschen« (siehe 34: S. 331 ff.). Dieser Vorgang, so sagt er, kann nur dann als ein Akt *ökonomischen* Austausches angesehen werden, wenn er einen *Sinn* hat. Er erweitert diese Feststellung dahin, daß das gegenwärtige Handeln der beiden Menschen eine Regelung ihres zukünftigen Verhaltens mit sich bringen oder darstellen müsse. Sinnvolles Handeln ist symbolisch: es verweist auf gewisse andere Handlungen in dem Sinne, daß es den Handelnden *verpflichtet*, in Zukunft eine bestimmte Handlungsweise einer anderen vorzuziehen. Dieser Begriff des *Verpflichtetseins* besitzt seine augenfälligste Zuständigkeit dort, wo es um Handlungen von unmittelbarer gesellschaftlicher Signifikanz geht, etwa um ökonomischen Austausch oder um das Einhalten eines Versprechens. Aber er ist auch auf sinnvolles Verhalten von mehr »privater« Art anwendbar. Wenn etwa, um bei Weberschen Beispielen zu bleiben, *N* einen Streifen Papier zwischen die Seiten eines Buches legt, kann man nur dann von ihm sagen, er »benutze ein Lesezeichen«, wenn er in der Vorstellung handelt, daß er mit dem Papierstück die Stelle markiert, an der er weiterlesen will. Das heißt nicht, daß er in Zukunft notwendigerweise *wirklich* weiterlesen muß (obwohl das der paradigmatische Fall ist); der springende Punkt ist, daß, wenn er es nicht tut, eine besondere Erklärung erforderlich ist, zum Beispiel, daß er es vergessen hat, daß er seine Absicht geändert hat oder daß er dieses Buches überdrüssig geworden ist.

Die Vorstellung, daß ich mich durch mein gegenwärtiges Handeln zu einem bestimmten zukünftigen Handeln verpflichte, ist der Form nach identisch mit jenem Zusammenhang zwischen einer Definition und dem späteren Gebrauch des definierten Wortes, den ich im vorigen Kapitel behandelt habe. Es folgt daraus, daß nur dann mein gegenwärtiges Handeln eine Verbindlichkeit für die Zukunft herstellen kann, wenn es die *Anwendung einer Regel* ist. Der Argumentation des vorigen Kapitels zufolge ist das aber nur dort möglich, wo die betreffende Handlung zu einem sozialen Kontext in Beziehung steht; das muß selbst von den privatesten Handlungen gelten, vorausgesetzt, daß sie einen Sinn haben.

Wir wollen zu *N*'s Ausübung seines Stimmrechts zurückkehren: ihre Möglichkeit hängt von zwei Voraussetzungen ab. Erstens muß *N* in einer Gesellschaft mit bestimmten politischen Institutionen leben – einem Parlament, das sich in bestimmter Weise konstituiert, und einer Regierung, die in bestimmter Relation zum

Parlament steht. Lebt *N* in einer Gesellschaft, deren politische Struktur patriarchalisch ist, so ist es offensichtlich sinnlos, von ihm zu sagen, er »stimme« für eine Regierung, wie sehr auch die äußere Erscheinung seines Verhaltens derjenigen eines Wählers in einem Lande mit gewählter Regierung ähneln mag. Zweitens muß *N* selbst eine gewisse Kenntnis jener Institutionen besitzen. Seine Handlung muß eine Teilnahme an dem politischen Leben seines Landes sein, und das setzt voraus, daß er sich der Symbolbeziehung zwischen seinem gegenwärtigen Handeln und der nach der Wahl eingesetzten Regierung bewußt sein muß. Das Gewicht dieser Vorbedingung wird deutlicher in Fällen, wo »demokratische Institutionen« Gesellschaften, denen solche Einrichtungen des politischen Lebens fremd sind, von einer ausländischen Verwaltung auferlegt worden sind. Die Bewohner eines solchen Landes können vielleicht dazu gebracht werden, die Körperbewegungen auszuführen, mit denen man ein Zeichen auf ein Stück Papier macht und es in einen Kasten wirft, aber wenn die Worte eine Bedeutung behalten sollen, kann von diesen Menschen nicht gesagt werden, »sie geben ihre Stimme ab«, es sei denn, sie hätten einen Begriff von dem Bedeutungszusammenhang dessen, was sie tun. Das gilt selbst dann, wenn die Regierung, die gebildet wird, tatsächlich ein Resultat der abgegebenen »Stimmen« ist.

Ich habe die Auffassung vertreten, daß die Analyse sinnvollen Verhaltens dem Begriff »Regel« eine zentrale Stellung einräumen muß; daß jedes sinnvolle (und darum spezifisch menschliche) Verhalten ipso facto von Regeln geleitet ist. Es könnte nun eingewandt werden, diese Redeweise verwische eine notwendige Unterscheidung: *manche* Tätigkeitsarten unterwerfen den Ausübenden der Befolgung von Regeln, andere wieder nicht. Ein anarchistischer Freidenker beispielsweise führt gewiß nicht in demselben Sinne ein von Regeln umschriebenes Leben wie ein Mönch oder ein Soldat; ist es nicht falsch, diese sehr verschiedenen Lebensweisen unter ein und dieselbe grundlegende Kategorie zu subsumieren?
Dieser Einwand zeigt gewiß, daß wir beim Gebrauch des Begriffs einer Regel umsichtig sein müssen; aber er zeigt nicht, daß die von mir verwendete Redeweise unpassend oder für die Erkenntnis unergiebig wäre. Man muß sich bewußt sein, daß in dem Sinn, in dem ich von Regeln spreche, ebenso gut vom Anarchisten gesagt werden kann, er befolge in seinem Verhalten Regeln, wie vom Mönch. Der Unterschied zwischen diesen beiden Arten von Menschen liegt nicht darin, daß die eine Regeln befolgt und die andere nicht; er liegt in den verschiedenen *Arten* von Regeln, die sie jeweils befolgen. Das Leben des Mönchs ist durch Verhaltensregeln umschrieben, die sowohl ausdrücklich formuliert als auch streng abgezirkelt sind: sie lassen der individuellen Entscheidung in Situationen, die ein

Handeln verlangen, möglichst wenig Raum. Der Anarchist hingegen geht expliziten Normen soweit wie möglich aus dem Weg und ist stolz darauf, jede von ihm geforderte Handlung »auf ihre Vorzüge« hin zu prüfen: seine Wahl ist für ihn nicht durch die von ihm befolgte Regel im vorhinein entschieden. Das bedeutet aber nicht, daß wir den Begriff einer Regel aus der Beschreibung seines Verhaltens völlig eliminieren könnten. Wir können es deswegen nicht, weil – wenn ein signifikanter Pleonasmus erlaubt ist – die Lebensweise des Anarchisten eine *Lebensweise* ist. Sie muß zum Beispiel von dem planlosen Verhalten eines irren Berserkers unterschieden werden. Der Anarchist hat Gründe für sein Handeln; er *macht einen Grundsatz daraus*, sich nicht von ausdrücklichen, strengen Normen beherrschen zu lassen. Wenn er sich auch seine Entscheidungsfreiheit bewahrt, so sind es doch signifikante Entscheidungen, die er trifft: sie sind von Überlegung geleitet, und er mag gute Gründe haben, die eine Handlungsweise der anderen vorzuziehen. Und diese zur Beschreibung der Verhaltensweise des Anarchisten notwendigen Begriffe setzen den Begriff einer Regel voraus.

Eine Analogie kann hier von Nutzen sein. Wenn man eine Sprache lernt, gibt es eine Reihe fest umrissener grammatischer Regeln, die man sich aneignet, etwa, daß es falsch ist, ein im Plural stehendes Subjekt mit einem im Singular stehenden Verbum zu verbinden. Diese Regeln entsprechen grob den ausdrücklichen Normen, die das Leben des Mönchs beherrschen. Im Rahmen dessen, was grammatisch richtig ist, hat man nicht die Wahl, »Ihr seid gewesen« oder »Ihr bist gewesen« zu schreiben; wenn man richtig schreiben kann, tritt die Frage, welchen dieser Ausdrücke man wählen solle, gar nicht auf. Aber das ist nicht das einzige, was man lernt; man lernt auch, einem gewissen stilistischen Kanon zu folgen, und dieser lenkt zwar die Art und Weise, in der man schreibt, *diktiert* aber nicht, daß man in der einen und nicht in der anderen Weise zu schreiben habe. Darum können die Leute zwar individuelle literarische Stile haben, aber sie können, in gewissen Grenzen, nur grammatisch richtig oder grammatisch falsch schreiben. Doch wäre es offenbar ein Irrtum, hieraus zu schließen, daß literarischer Stil überhaupt nicht von Regeln beherrscht werde: er ist etwas, das gelernt, etwas, das diskutiert werden kann, und diese Tatsache ist für den Begriff, den wir von ihm haben, wesentlich.

Am besten können wir diese Auffassung vielleicht dadurch stützen, daß wir eine überzeugende Darstellung des entgegengesetzten Standpunkts betrachten. Eine solche Darstellung bietet Michael Oakeshott in einer Artikelserie im *Cambridge Journal*. Ein großer Teil von Oakeshotts Argumentation trifft mit der hier dargelegten Auffassung des menschlichen Verhaltens überein, und ich will zunächst diesen Teil seiner Ausführungen behandeln, um dann eine Kritik des übrigen zu versuchen.

In weitgehender Übereinstimmung mit der von mir vertretenen Ansicht befindet sich Oakeshotts Ablehnung dessen, was er das »rationalistische« Mißverständnis der menschlichen Intelligenz und Rationalität nennt. (Siehe 21.) Diesem Mißverständnis zufolge erhält das menschliche Verhalten seine Rationalität von etwas außer ihm: von intellektuellen Funktionen, die ihren eigenen Gesetzen folgen und im Prinzip ganz unabhängig sind von den besonderen Tätigkeiten, auf die sie gleichwohl angewendet werden.

Ein gutes (von Oakeshott selbst nicht behandeltes) Beispiel der von ihm abgelehnten Ansicht ist Humes berühmte Feststellung, »die Vernunft ist und soll nur sein die Sklavin der Leidenschaften und kann niemals eine andere Aufgabe beanspruchen, als ihnen zu dienen und zu gehorchen«. Nach dieser Ansicht werden dem menschlichen Verhalten seine Ziele von der natürlichen Beschaffenheit der menschlichen Emotionen gesteckt; da diese Ziele gegeben sind, besteht die Aufgabe der Vernunft hauptsächlich darin, die geeigneten Mittel zu ihrer Erreichung zu bestimmen. Die für die menschlichen Gesellschaften charakteristischen Tätigkeiten entspringen also, so wäre zu vermuten, dieser Wechselwirkung von Vernunft und Leidenschaft. Mit Recht hebt Oakeshott diesem Bild gegenüber hervor: »Ein Koch ist nicht jemand, der zuerst die Vision eines Kuchens hat und ihn dann zu machen versucht; er ist ein im Kochen gewandter Mann, und sowohl seine Pläne wie seine Leistungen entspringen dieser Gewandtheit.« (21) Allgemein gesprochen sind im menschlichen Leben sowohl die verfolgten Ziele wie die verwendeten Mittel, weit entfernt davon, Formen gesellschaftlicher Praxis hervorzubringen, in ihrer eigenen Existenz von jenen Formen abhängig. Ein religiöser Mystiker beispielsweise, der die Vereinigung mit Gott als sein Ziel bezeichnet, kann nur von jemandem verstanden werden, der die religiöse Tradition kennt, in deren Kontext dieses Ziel verfolgt wird; ein Wissenschaftler, der es seine Absicht nennt, Atome zu spalten, kann nur von jemandem verstanden werden, der die moderne Physik kennt.

Das veranlaßt Oakeshott zu der wiederum ganz richtigen Auffassung, daß eine Form der menschlichen Praxis niemals in einer Gruppe ausdrücklicher Vorschriften zusammengefaßt werden kann. Die Praxis »übersteigt« die Vorschriften. So müssen die Vorschriften beispielsweise in der Praxis angewandt werden, und obwohl wir eine weitere, höherrangige Gruppe von Vorschriften formulieren können, welche vorschreiben, wie die erste Gruppe anzuwenden sei, können wir in dieser Richtung nicht weitergehen, ohne auf den glitschigen Abhang zu geraten, den Lewis Carroll in seiner unter Logikern mit Recht berühmten Schrift *What the Tortoise said to Achilles* (5) gekennzeichnet hat.

Achilles und die Schildkröte diskutieren drei Aussagen, A, B und Z, zwischen denen die Beziehung besteht, daß Z aus A und B logisch folgt. Die Schildkröte fordert Achilles auf, sie so zu behandeln, als ob sie A und B als wahr annähme, aber die Wahrheit der hypothetischen Aussage (C) – »Wenn A und B wahr sind, muß Z wahr sein« – noch nicht anerkennen würde, und sie mittels Logik zu zwingen, Z als wahr anzuerkennen. Achilles beginnt damit, daß er die Schildkröte auffordert, C zu akzeptieren, was sie auch tut; dann schreibt Achilles in sein Notizheft:

A
B
C (Wenn A und B wahr sind, muß Z wahr sein)
Z

Nunmehr sagt er zu der Schildkröte: »Wenn du A, B und C akzeptierst, mußt du auch Z akzeptieren.« Die Schildkröte fragt, warum sie das müsse, und Achilles erwidert: »Weil das eine *logisch* aus dem anderen folgt. Wenn A, B und C wahr sind, *muß* Z wahr sein (D). *Das* zumindest bestreitest du nicht, nehme ich an?« Die Schildkröte erklärt sich bereit, D zu akzeptieren, vorausgesetzt, daß Achilles D aufschreibt. Hierauf entspinnt sich der folgende Dialog. Achilles sagt:

»Jetzt, da du A und B und C und D akzeptierst, akzeptierst du *natürlich* auch Z.«
»Wirklich?« sagte die Schildkröte unschuldig. »Wir wollen hier Klarheit schaffen. Ich akzeptiere A und B und C und D. Nimm an, ich weigerte mich *noch immer,* Z zu akzeptieren?«
»Dann würde die Logik dich bei der Gurgel packen und dich *zwingen,* es zu tun!« erwiderte Achilles triumphierend. »Die Logik würde dir sagen ›Da kannst du nichts machen. Nun, da du A und B und C und D akzeptiert hast, *mußt* du Z akzeptieren.‹ Dir bleibt also keine Wahl, wie du siehst.«
»Was *die Logik* mir zu sagen bereit ist, ist jedenfalls wert, *aufgeschrieben* zu werden«, sagte die Schildkröte. »Trage es also bitte in dein Heft ein. Wir wollen es (E) nennen: Wenn A und B und C und D wahr sind, muß Z wahr sein. Solange ich *das* nicht zugegeben habe, brauche ich natürlich Z nicht zuzugeben. Das ist also ein ganz *notwendiger* Schritt, erkennst du das?«
»Ich erkenne es«, sagte Achilles, und in seiner Stimme war ein Hauch von Traurigkeit.

Die Geschichte endet einige Monate später; der Erzähler sucht das Paar noch einmal auf und findet es auf derselben Stelle sitzend vor. Das Notizheft ist beinahe vollgeschrieben.
Die Moral davon, wenn ich so langweilig sein darf, sie zu formulieren, lautet, daß der tatsächliche Vorgang des Schlußfolgerns, der schließlich das Herz der Logik ist, nicht durch eine logische Formel wiedergegeben werden kann; daß es vielmehr eine hinreichende Rechtfertigung einer aus Prämissen gezogenen Folgerung ist, wenn man sieht, daß sie in der Tat aus ihnen folgt. Auf weiterer Rechtfertigung bestehen heißt nicht besonders umsichtig sein, sondern zeigen, daß man mißverstanden hat, was eine Schlußfolgerung ist. Wenn man folgern lernt, geht es nicht bloß darum, daß man über explizite logische Relationen zwischen Aussagen unterrichtet wird; man muß vielmehr lernen, etwas *zu tun.* Oakeshotts Pointe ist nichts anderes als eine Verallgemeinerung hiervon; wo Carroll nur über logisches Folgern spricht, sagt Oakeshott etwas Ähnliches über menschliche Tätigkeiten im allgemeinen.

4 *Regeln und Gewohnheiten*

Alles soeben Gesagte paßt mit der im ersten Kapitel umrissenen Position durchaus zusammen. Prinzipien, Vorschriften, Definitionen, Formeln – sie alle beziehen ihren Sinn aus dem Kontext menschlicher gesellschaftlicher Praxis, in welchem sie angewandt werden. Aber

Oakeshott will noch einen Schritt weitergehen. Er meint, es folge hieraus, daß fast jedes menschliche Verhalten mit dem Begriff der *Gewohnheit* oder des *Brauches* adäquat beschrieben werden könne und daß dafür weder der Begriff der Regel noch der der Reflektiertheit wesentlich sei. Das halte ich aus Gründen, die ich im folgenden darlegen möchte, für einen Irrtum.

In *The Tower of Babel* unterscheidet Oakeshott zwei Formen der Moralität: die eine ist »eine Gewohnheit des Empfindens und sich Verhaltens«, die andere ist »die reflektierte Anwendung eines moralischen Kriteriums« (20). Er meint offenbar, jene »gewohnheitsmäßige« Moralität könne unabhängig von der »reflektierten« Moralität existieren. Im Falle der Gewohnheitsmoralität, so sagt er, meistern wir die jeweiligen Situationen »weder dadurch, daß wir bewußt auf uns selbst eine Verhaltensregel anwenden, noch durch ein Verhalten, das wir als Ausdruck eines moralischen Ideals anerkennen, sondern durch ein Handeln, das mit einer gewissen Gewohnheit des Verhaltens in Übereinstimmung steht«. Diese Gewohnheiten werden nicht aufgrund von Vorschriften gelernt, sondern durch das »Zusammenleben mit Menschen, die sich gewohnheitsmäßig in einer gewissen Weise verhalten«. Oakeshott scheint der Meinung zu sein, daß die Trennungslinie zwischen gewohnheitsmäßigem und von Regeln beherrschtem Verhalten dadurch bestimmt werde, ob eine Regel *bewußt* angewandt wird oder nicht.

Im Gegensatz hierzu möchte ich sagen, daß das Merkmal dafür, ob die Handlungen eines Menschen die

Anwendung einer Regel sind, nicht darin liegt, ob er diese *formulieren* kann, sondern darin, ob es im Zusammenhang mit dem, was er tut, einen Sinn ergibt, wenn man zwischen einer richtigen und einer falschen Weise, etwas zu tun, unterscheidet. Wo dies einen Sinn ergibt, muß es auch sinnvoll sein zu sagen, er wende bei dem, was er tut, ein Kriterium an, selbst wenn er es nicht formuliert und vielleicht nicht einmal formulieren kann.

Etwas tun lernen heißt nicht einfach, das Tun eines anderen kopieren. Damit mag es anfangen, aber wie ein Lehrer die Qualitäten seines Schülers einschätzt, wird von dessen Fähigkeit abhängen, etwas zu tun, das er gerade *nicht* kopiert haben kann. Wittgenstein hat diese Situation sehr schön beschrieben. Er fordert uns auf, einen Schüler zu betrachten, dem die Reihe der natürlichen Zahlen beigebracht wird. Vielleicht muß er sich zunächst die Hand dabei führen lassen, wenn er das von seinem Lehrer Geschriebene kopiert. Dann wird er angehalten werden, selbständig das »gleiche« zu tun.

Und schon hier gibt es eine normale und eine abnormale Reaktion des Lernenden ... Und hier können wir uns, z. B., denken, daß er nun zwar selbständig Ziffern kopiert, aber nicht nach der Reihe, sondern regellos einmal die, einmal die. Und dann hört *da* die Verständigung auf. – Oder: er macht *»Fehler«* in der Reihenfolge. – Der Unterschied zwischen diesem und dem ersten Fall ist natürlich einer der Häufigkeit. – Oder: er macht einen *systematischen* Fehler, er schreibt z. B. immer nur jede zweite Zahl nach; oder er kopiert die Reihe 0, 1, 2, 3, 4, 5, ... so: 1, 0, 3, 2, 5, 4 ... Hier werden wir beinahe versucht sein zu sagen, er habe uns *falsch* verstanden. (37: S. 353)

Der springende Punkt ist hier, daß es *darauf ankommt*, daß der Schüler in einer bestimmten und keiner anderen Weise auf das Beispiel seines Lehrers reagiert. Er muß sich nicht nur die Gewohnheit zu eigen machen, dem Beispiel seines Lehrers zu folgen, sondern auch die Erkenntnis, daß manche Weisen der Befolgung jenes Beispiels zulässig sind und andere nicht. Das heißt, er muß sich die Fähigkeit aneignen, ein Kriterium anzuwenden; er muß nicht nur lernen, etwas in der gleichen Weise zu tun wie sein Lehrer, sondern auch lernen, was als die gleiche Weise *gilt*.

Die Wichtigkeit dieser Unterscheidung soll dadurch aufgezeigt werden, daß wir Wittgensteins Beispiel in einer späteren Phase verfolgen. Das Erlernen der Reihe der natürlichen Zahlen besteht nicht bloß darin, eine begrenzte Serie von Zahlen in der Reihenfolge, die einem gezeigt worden ist, abschreiben zu lernen. Es bedeutet auch den Erwerb der *Fähigkeit fortzufahren* und Zahlen niederzuschreiben, die einem nicht gezeigt worden sind. In gewissem Sinn schließt dieser Lernprozeß also ein, daß man etwas *anderes* tut, als einem ursprünglich gezeigt worden ist; aber *in bezug auf die Regel*, der man folgt, gilt dies als ein »Fortfahren in der *gleichen* Weise«, wie es einem gezeigt worden ist.

Eine Gewohnheit annehmen kann die Bedeutung haben: die Neigung annehmen fortzufahren, das gleiche zu tun; das gilt auch für das Erlernen einer Regel, jedoch in anderem Sinn. Die beiden Bedeutungen sind verschieden, und von diesem Unterschied hängt sehr viel ab. Nehmen wir den Fall eines Tieres, das sich eine Gewohnheit aneignet: hier kann von einer »reflektierten Anwendung eines Kriteriums« nicht die Rede sein. Angenommen, *N* lehrt seinen Hund, ein Stück Zucker auf der Schnauze zu balancieren und es nicht zu fressen, bis *N* ein Kommandowort ausspricht. Der Hund erwirbt die Neigung, auf *N*'s Handlungen in bestimmter Weise zu reagieren. Wir haben hier einen Fall, der recht gut in die bei Behavioristen beliebte Kategorie von Reiz und Reizantwort paßt. *N* aber, der ein einfacher Hundeliebhaber, nicht ein Wissenschaftler ist, drückt sich ohne Zweifel anders aus: Er sagt, der Hund habe ein Kunststück gelernt. Diese Redeweise verdient nähere Betrachtung, denn sie erschließt uns die Möglichkeit, das Verhalten des Hundes in Begriffen zu bewerten, die nicht dem Schema von Reiz und Reizantwort angehören. *N* kann jetzt sagen, der Hund habe das Kunststück »richtig« oder »nicht richtig« ausgeführt. Aber man muß sich bewußt sein, daß diese Redeweise ein Anthropomorphismus ist; sie erfordert eine Bezugnahme auf *menschliches* Verhalten und setzt Normen voraus, die hier in analoger Weise auf Tiere angewandt werden. Nur die Beziehung des Hundes auf menschliche Wesen läßt den Ausdruck, er habe ein Kunststück gelernt, verständlich erscheinen. Sein Bedeutungsgehalt könnte durch keine noch so detaillierte Beschreibung hündischen Verhaltens in völliger Isolierung von menschlichen Wesen erhellt werden.

Derselbe Sachverhalt wird ausgedrückt, wenn man hervorhebt, daß *N* und nicht der Hund darüber entscheidet, was es heißen soll, »immer das gleiche zu tun, wenn das Kommandowort ausgesprochen wird«. Es wäre sogar unsinnig, von dem Hund als solchem zu sagen, daß er das tue. Nur in Beziehung auf *N*'s Absichten, in denen der Begriff eines Kunststücks enthalten ist, hat die Feststellung, daß der Hund »immer das gleiche tut«, überhaupt einen Sinn.

Aber während bei einem Hund die Aneignung einer Gewohnheit nicht impliziert, daß *er selbst* ein Verständnis dessen besitzt, was es bedeutet, »unter gleichen Umständen das gleiche zu tun«, ist es genau dies, was ein Mensch verstehen muß, ehe von ihm gesagt werden kann, er habe sich eine Regel zu eigen gemacht; und das gilt auch vom Erwerb jener Verhaltensweisen, die Oakeshott mit dem Begriff der Gewohnheit beschreiben möchte. Eine Analogie aus der Rechtsphäre mag hier von Nutzen sein. Die von Oakeshott getroffene Unterscheidung zwischen jenen beiden Formen der Moralität gleicht in mancher Hinsicht der Unterscheidung zwischen kodifiziertem Recht und Präzedenzrecht; und Roscoe Pound nimmt dieser Unterscheidung gegenüber eine der Oakshottschen analoge Haltung ein, wenn er das kodifizierte Recht als »mechanische Anwendung von Regeln« bezeichnet und es vom Präzedenzrecht unterscheidet, welches »Intuitionen« einschließe (was an Oakeshotts Erörterung politischer Fragen mit Hilfe des Begriffs »Fingerzeig« erinnert; siehe 22). Das mag bisweilen eine brauchbare Redeweise sein, aber wir sollten dadurch nicht für die Tatsache blind werden, daß die Interpretation von Präzedenzfällen ebenso wie die Anwendung von Statuten ein Befolgen von Regeln in dem Sinne impliziert, in welchem ich diesen Ausdruck hier gebraucht habe. Otto Kahn-Freund formuliert das so: »Man kann nicht ohne ein Prinzip auskommen, das eine Entscheidung mit der anderen verbindet und damit das Gerichtsurteil über den Bereich bloßer Zweckmäßigkeit hinaushebt« (27; er bezieht sich auf Pounds *Introduction to the Philosophy of Law*, 3. Kapitel. E. H. Levi gibt einen ausgezeichneten Überblick mit Beispielen darüber, inwieweit die Interpretation gerichtlicher Präzedenzfälle eine Anwendung von Regeln einschließt: 14).

Nur dann, wenn ein alter Präzedenzfall auf einen neuartigen Fall angewendet werden muß, tritt die Bedeutung und das Wesen der Regel in Erscheinung. Das Gericht muß nach den *Implikationen* der Präzedenzentscheidung fragen, und das ist eine Frage, die keinen Sinn ergibt außer in einem Kontext, in welchem die Entscheidung sinnvoll als die sei's auch unbewußte Anwendung einer Regel betrachtet werden kann. Nicht weniger gilt das von anderen Formen menschlicher Praxis, mögen auch die Regeln nirgendwo sonst so explizit hervortreten wie in der Sphäre des Rechts. Nur weil menschliche Handlungen Regeln exemplifizieren, können wir sagen, die Erfahrung der Vergangenheit sei für unser gegenwärtiges Verhalten von Belang. Wenn es sich nur um Gewohnheit handelte, dann könnte unser gegenwärtiges Verhalten gewiß durch die Art und Weise, in der wir in der Vergangenheit gehandelt haben, *beeinflußt* werden, aber das wäre nur ein kausaler Einfluß. Der Hund reagiert jetzt auf *N*'s Befehle in einer bestimmten Weise infolgedessen, was ihm in der Vergangenheit widerfahren ist; wenn ich aufgefordert werde, die Reihe der natürlichen Zahlen über 100 hinaus fortzusetzen, tue ich das in einer bestimmten Weise infolge meiner früheren Übungen. Der Ausdruck »infolge« wird jedoch bei diesen zwei Situationen unterschiedlich gebraucht: der Hund ist in solche Bedingungen versetzt worden, daß er in einer bestimmten Weise reagiert, während ich das richtige Verfahren *weiß* auf der Grundlage dessen, was ich gelehrt worden bin.

5 *Reflektiertheit*

Vieles von dem, was Oakeshott über gewohnheitsmäßiges Verhalten sagt, klingt wie das, was ich über das von Regeln beherrschte Verhalten gesagt habe.

Bräuche sind immer den *Nuancen* der Situationen gegenüber anpassungsfähig und empfänglich. Das mag als eine paradoxe Feststellung erscheinen; Bräuche sind blind, so haben wir gelernt. Dies ist jedoch ein heimtückisches Stück falscher Beobachtung; Bräuche sind nicht blind, sie sind nur ›blind wie eine Fledermaus‹. Und jeder, der eine Tradition brauchtumsmäßigen Verhaltens (oder irgendeine andere Tradition) studiert hat, weiß, daß Starrheit so gut wie Unbeständigkeit ihrem Charakter fremd ist. Und zweitens ist diese Form moralischen Lebens sowohl der Veränderung als auch der ortsbedingten Abwandlung fähig. Tatsächlich bleibt keine traditionelle Verhaltensweise, keine traditionelle Kunstfertigkeit jemals unverändert; ihre Geschichte ist die eines fortwährenden Wandels. (20)

Dennoch ist der zwischen uns anhängige Streit nicht bloß verbal. Während Oakeshott darauf besteht, daß der Wandel und die Anpassung, von denen er hier spricht, unabhängig von jedem Prinzip der Reflexion erfolgen, möchte ich sagen, daß die *Möglichkeit* der Reflexion für diese Art der Anpassungsfähigkeit wesentlich ist. Ohne diese Möglichkeit haben wir es nicht mit sinnvollem Verhalten zu tun, sondern mit etwas, das entweder eine bloße Reizantwort auf Sinnesreize ist oder ein Fall von wirklich blinder Gewohnheit. Ich meine damit nicht, daß sinnvolles Verhalten einfach ein Inkraftsetzen vorher bestehender Reflexionsprinzipien sei; solche Prinzipien entstehen im Laufe des sich Verhaltens und sind verständlich nur im Bezug auf das Verhalten, aus dem sie entstehen. Aber ebenso kann das Verhalten, aus dem sie entstehen, seinem Wesen nach nur als Verkörperung jener Prinzipien begriffen werden. Der Begriff eines Prinzips (oder einer Maxime) des Verhaltens und der Begriff des sinnvollen Handelns sind miteinander verflochten, fast in der gleichen Weise, wie Wittgenstein den Begriff der Regel und den Begriff des »Gleichen« miteinander verflochten nannte.

Um uns dessen zu vergewissern, wollen wir auf eine der Aussagen eingehen, die Oakeshott über den Gegensatz zwischen den beiden von ihm behaupteten Formen der Moralität macht. Er sagt, Dilemmas von der Form »Was soll ich hier tun« entstünden wahrscheinlich nur für jemanden, der bewußt versuche, ausdrücklich formulierten Regeln zu folgen, nicht für jemanden, der unreflektiert einer gewohnheitsmäßigen

Verhaltensweise folge. Nun mag es wohl sein, daß, wie Oakeshott meint, die Notwendigkeit solcher Gewissenserforschungen sich häufiger und drängender für jemanden ergeben wird, der einer ausdrücklichen Regel zu folgen versucht, ohne sich bei ihrer Anwendung auf alltägliche Erfahrung stützen zu können. Aber Fragen der Interpretation und der Konsequenz, und das heißt Aufgaben der *Reflexion*, müssen notwendigerweise für jeden entstehen, der es mit einer seiner bisherigen Erfahrung fremden Situation zu tun hat. In einer schnell sich wandelnden gesellschaftlichen Umwelt werden solche Probleme häufig entstehen, nicht nur deshalb, weil traditionelle, gewohnheitsmäßige Verhaltensweisen zusammengebrochen sind, sondern wegen der Neuheit der Situationen, in denen jene Verhaltensweisen fortgesetzt werden sollen. Natürlich kann die daraus folgende Belastung zu einem Zusammenbruch von Traditionen *führen.*

Oakeshott sagt, das Dilemma der westlichen Moral liege darin, daß »unser moralisches Leben dahin gelangt ist, sich von dem Griff nach Idealen beherrschen zu lassen, was für jede gesicherte Verhaltensweise verhängnisvoll sein muß«. (20) Was tatsächlich verhängnisvoll ist für eine gesicherte Verhaltensweise, welcher Art auch immer, ist eine wechselhafte Umwelt. Eine Lebensweise, die selbst die Mittel enthält, den Sinn des von ihr vorgeschriebenen Verhaltens zu beurteilen, ist die einzige, die, auf Umweltveränderungen reagierend, eine sinnvolle Weiterentwicklung durchlaufen kann. Natürlich können sich auch Gewohnheiten durch Reaktion auf sich wandelnde Bedingungen ändern. Aber die Geschichtsschreibung ist nicht bloß ein Bericht über sich wandelnde Gewohnheiten; sie handelt davon, wie die Menschen versucht haben, das, was sie an ihren Verhaltensweisen für wesentlich hielten, in den neuen Situationen, denen sie sich gegenübergestellt sahen, fortzusetzen.

Die Haltung, die Oakeshott gegenüber der Reflektiertheit einnimmt, ist natürlich unvereinbar mit dem sehr wichtigen Gesichtspunkt, den er an einer früheren Stelle seiner Darlegungen geltend macht. Er sagt, moralisches Leben sei »ein Verhalten, zu welchem es eine Alternative gibt«. Nun mag es zwar zutreffen, daß diese »Alternative« dem Handelnden nicht unmittelbar bewußt zu sein braucht, aber sie muß doch etwas sein, das ihm zum Bewußtsein gebracht werden *könnte.* Diese Bedingung ist nur dann erfüllt, wenn der Handelnde in der Lage ist, das, was er getan hat, gegen den Vorwurf zu verteidigen, er hätte etwas anderes tun sollen. Zumindest muß er *verstehen* können, was es denn geheißen hätte, anders zu handeln. Der Hund, der, auf den Befehl seines Herrn reagierend, Zucker auf der Schnauze balanciert, hat keinen Begriff davon, was es hieße, anders zu reagieren (weil er überhaupt keinen Begriff hat von dem, was er tut). Daher gibt es für ihn keine Alternative zu dem, was er tut; er reagiert bloß auf den entsprechenden Reiz. Ein anständiger Mensch kann sich des Geldstehlens enthalten, auch wenn es leicht wäre und er das Geld dringend benötigt; der Gedanke daran, anders zu handeln, braucht ihm niemals in den Sinn zu kommen. Dennoch steht ihm die Alternative, anders zu handeln, offen, weil er die Situation, in der er sich befindet, und die Natur seines Handelns (oder Nichthandelns) versteht. Etwas verstehen bedeutet, auch das Gegenteil verstehen: Was es heißt, sich anständig zu verhalten, verstehe ich gerade nur soweit, wie ich verstehe, was es heißt, sich nicht anständig zu verhalten. Das ist der Grund, warum ein Verhalten, das das Produkt von Verstehen ist, und dieses allein ein Verhalten ist, zu dem es eine Alternative gibt.

III Die Sozialforschung als Wissenschaft

1 *J. S. Mills ›Logic of the Moral Sciences‹*

Ich habe im vorigen Kapitel zu zeigen versucht, inwiefern die im ersten Kapitel dargelegte Auffassung der Philosophie dazu führt, das Wesen des menschlichen Handelns in der Gesellschaft zu untersuchen. Als nächstes möchte ich einige der Schwierigkeiten erörtern, die sich dann ergeben, wenn wir unser Verstehen der Gesellschaft auf die Methoden der Naturwissenschaft gründen. Ich beginne mit John Stuart Mill: erstens, weil Mill in naiver Weise eine Position bezieht, die den Äußerungen eines großen Teils der zeitgenössischen Sozialwissenschaftler zugrunde liegt, auch wenn sie sie nicht immer ausdrücklich formulieren; zweitens, weil ein paar gewitztere Interpretationen der Sozialforschung als Wissenschaft, die ich im folgenden prüfen werde, am besten als Versuche verstanden werden können, einige besonders offenkundige Mängel der Millschen Position zu korrigieren. (Ich möchte allerdings nicht behaupten, damit sei die wirkliche Genesis jener Ideen beschrieben.)

Mill betrachtete ebenso wie viele unserer Zeitgenossen den Zustand der »moral sciences« als einen »Flecken im Antlitz der Wissenschaft«. Dieser Flecken sollte in der Weise entfernt werden, daß man allgemein die Methoden jener Fachgebiete übernahm, »auf denen die gewonnenen Ergebnisse schließlich die einmütige Zustimmung all derer gefunden haben, die die Beweismittel prüften«. (18: Buch VI, 1. Kap.) Aus diesem Grunde betrachtete er die Philosophie der Sozialforschung einfach als einen Zweig der Philosophie der Wissenschaft. »Die in der Geistes- und Sozialwissenschaft *(moral and social science)* anzuwendenden Methoden müssen bereits beschrieben sein, falls es mir gelungen ist, diejenigen der Wissenschaft im allgemeinen aufzuzählen und zu kennzeichnen.« (Ibid.) Das bedeutet, daß trotz des Titels von Buch VI des *Systems der Logik* Mill nicht wirklich an die Existenz einer »Logik der Geisteswissenschaften« *(moral sciences)* glaubt. Ihre Logik ist die gleiche wie in jeder anderen Wissenschaft, und man braucht nichts weiter zu tun, als gewisse Schwierigkeiten zu klären, die bei ihrer Anwendung auf den besonderen, von den Geisteswissenschaften untersuchten Gegenstandsbereich entstehen.

Dies ist die Aufgabe, welcher der Hauptteil von Mills Untersuchung gewidmet ist. Ich möchte hier die Gültigkeit der von ihm als wahr vorausgesetzten These prüfen. Um sie zu verstehen, müssen wir uns Mills Auffassung der wissenschaftlichen Forschung im allgemeinen zuwenden, die auf Humes Lehre vom Wesen der Kausalität fußt. (Siehe 12: Abschnitte IV bis VII; und 18: Buch II.) Die Aussage, daß A die Ursache von B sei, bedeutet nicht, daß irgendeine erkennbare (oder mysteriöse) Verkettung von A und B behauptet wird, sondern daß die zeitliche Aufeinanderfolge von A und B der Fall einer Verallgemeinerung ist, die dahin geht,

daß auf Ereignisse wie A unserer Erfahrung nach immer Ereignisse wie B folgen.
Wenn wissenschaftliche Forschung darin besteht, gesicherte Aussagen über kausale Verknüpfungen zu machen, dann scheint daraus zu folgen, daß wir jedes Sachgebiet wissenschaftlich erforschen können, über das wir allgemeine Sätze aufstellen können. Mill geht sogar noch weiter: »Alle jene Tatsachen sind von sich aus geeignet, Gegenstand der Wissenschaft zu werden, die nach konstanten Gesetzen aufeinander folgen; auch wenn diese Gesetze noch nicht entdeckt worden sind oder mit den uns zur Verfügung stehenden Mitteln nicht einmal entdeckt werden können.« (18: Buch VI, 3. Kap.) Das heißt, es kann Wissenschaft geben, wo immer es Gleichförmigkeit gibt, und es kann Gleichförmigkeiten geben, selbst wo wir sie noch nicht entdeckt haben und auch nicht in der Lage sind, sie zu entdecken und in allgemeinen Sätzen zu formulieren.
Mill nimmt den damaligen Zustand der Meteorologie als Beispiel: jeder weiß, daß Veränderungen in der Atmosphäre Regelhaftigkeiten unterworfen sind; sie sind deshalb ein geeigneter Gegenstand für wissenschaftliche Forschung. Die aber ist noch nicht sehr weit gekommen infolge »der Schwierigkeit, die Tatsachen zu beobachten, von denen die Phänomene abhängen«. Die Theorie der Gezeiten (»Tidologie«) ist insofern in einer etwas besseren Lage, als die Wissenschaftler die Phänomene entdeckt haben, von denen die Gezeitenbewegungen im allgemeinen abhängen; aber sie sind infolge der Komplexität der örtlichen Bedingungen, unter denen die Wirkungen der Mondgravitation sich

geltend machen, außerstande, genau vorauszusagen, was unter besonderen Umständen geschehen wird. (Ibid.)

Mill nimmt an, die »Wissenschaft von der menschlichen Natur« könne zumindest bis zu dem Niveau der Gezeitenlehre entwickelt werden. Infolge der Komplexität der Variablen mag es sein, daß wir nicht mehr tun können, als statistische Verallgemeinerungen über dic wahrscheinlichen Folgen sozialer Situationen aufzustellen. »Die Kräfte, die einen menschlichen Charakter bestimmen, sind so zahlreich und verschiedenartig ..., daß sie, als Einheit genommen, in zwei Fällen einander niemals genau gleichen.« Und trotzdem:

In der Sozialforschung ist eine annähernde Verallgemeinerung für die meisten praktischen Zwecke einer exakten gleichwertig; was nur wahrscheinlich ist, wenn von einzelnen, zufällig ausgewählten Individuen behauptet, wird zur Gewißheit, wenn vom Charakter und kollektiven Verhalten der Massen bestätigt. (Ibid.)

Ebenso wie die Unregelmäßigkeit der Gezeiten an verschiedenen Stellen des Erdballs nicht bedeutet, daß es keine sie beherrschenden Gesetze gibt, so auch im Falle des menschlichen Verhaltens. Individuelle Abweichungen müssen daraus erklärt werden, daß die Gesetze in sehr verschiedenartigen individuellen Situationen zur Wirkung kommen. Darum reichen breite statistische Verallgemeinerungen letztlich nicht aus: Sie müssen »mit den Naturgesetzen, aus denen sie folgen, deduktiv verknüpft werden«. Diese obersten Naturgesetze sind die im 4. Kapitel der *Logik* behandelten »Gesetze des Bewußtseins«. Sie unterscheiden sich von

»empirischen Gesetzen« nicht der Art nach, sondern durch ihren viel höheren Allgemeinheits- und Genauigkeitsgrad. Wie alle wissenschaftlichen Gesetze sind sie Aussagen über Gleichförmigkeiten, nämlich »Gleichförmigkeiten der Aufeinanderfolge von Bewußtseinszuständen«. Mill wirft die Frage auf, ob diese in Gleichförmigkeiten der Aufeinanderfolge von physiologischen Zuständen und von Bewußtseinszuständen aufgelöst werden sollten, und gelangt zu dem Schluß, daß dies zwar eines Tages in bemerkenswertem Grade möglich sein könnte, daß aber die Möglichkeit, autonome, von der Physiologie unabhängige psychologische Gesetze aufzustellen, dadurch nicht beeinträchtigt werde.
»Ethologie oder die Wissenschaft von der Entwicklung des Charakters« kann auf unsere Kenntnis von den Gesetzen des Bewußtseins gegründet werden. (18: Buch VI, 4. Kap.) Das schließt das Studium der geistigen Entwicklung des Menschen ein, die nach Mills Auffassung daraus resultiert, daß die allgemeinen Gesetze des Bewußtseins auf die jeweiligen Umstände der einzelnen Menschen einwirken. Er betrachtet darum die Ethologie als »durchweg deduktiv« im Gegensatz zur Psychologie, die auf Beobachtung und Experiment beruht.

Die Gesetze der Charakterentwicklung sind ... abgeleitete Gesetze, die sich aus den allgemeinen Gesetzen des Bewußtseins ergeben und durch Deduktion aus diesen allgemeinen Gesetzen gewonnen werden müssen, indem man von den jeweils gegebenen Umständen ausgeht und dann erwägt, worin, entsprechend den Gesetzen des Bewußtseins, der Einfluß dieser Umstände auf die Charakterentwicklung bestehen wird. (Ibid.)

Die Ethologie steht zur Psychologie in der gleichen Beziehung wie die Mechanik zur theoretischen Physik; ihre Prinzipien sind »axiomata media«, die einerseits aus den allgemeinen Gesetzen des Bewußtseins gewonnen werden und andererseits überleiten zu den »empirischen Gesetzen, die aus einfacher Beobachtung hervorgehen«.

Die Entdeckung dieser empirischen Gesetze niedrigster Stufe ist die Aufgabe des Historikers. Der Sozialwissenschaftler sucht die empirischen historischen Gesetze zu erklären, indem er zeigt, wie sie zunächst aus den axiomata media der Ethologie und schließlich aus den allgemeinen Gesetzen der Psychologie folgen. So gelangt Mill zu seinem Begriff der »umgekehrten deduktiven Methode«. Die historischen Umstände sind durch den kumulativen Effekt »des Einflusses, der auf jede Generation von den ihr vorausgegangenen ausgeübt wird« (18: Buch VI, 10. Kap.), dermaßen komplex, daß niemand hoffen kann, eine genügend detaillierte Kenntnis von irgendeiner historischen Situation zu erwerben, um ihre weitere Entwicklung vorhersagen zu können. Daher muß der Sozialwissenschaftler, wenn er sich mit historischen Entwicklungen großen Ausmaßes befaßt, in den meisten Fällen erst abwarten, was geschieht, dann das Ergebnis seiner Beobachtungen in »empirischen Gesetzen der Gesellschaft« formulieren und sie schließlich »mit den Gesetzen der menschlichen Natur verbinden durch Deduktionen, welche zeigen, daß abgeleitete Gesetze dieser Beschaffenheit als Konsequenzen jener obersten Gesetze natürlicherweise zu erwarten waren«. (Ibid.)

Karl Popper hat einige der in dieser Auffassung der Sozialwissenschaften enthaltenen Irrtümer aufgezeigt. Insbesondere hat er kritisiert, was er Mills »Psychologismus« nennt: die Lehre, daß die Entwicklung einer gesellschaftlichen Situation aus einer anderen letztlich in individualpsychologischen Begriffen erklärt werden könne. Auch hat er die Verwirrungen bezeichnet, die damit verbunden sind, daß die Entdeckungen der Geschichtswissenschaft als »empirische *Gesetze* der Gesellschaft« statt als Aussagen über *Tendenzen* charakterisiert werden. (Siehe 25: Kap. 14; und 26: Abschnitt 27.) Ich möchte mich hier einigen anderen Momenten zuwenden und hoffe, dabei zeigen zu können, daß Mills Auffassung der Sozialforschung noch viel radikaleren Einwänden offensteht als den von Popper vorgetragenen.

2 *Gradunterschiede und Artunterschiede*

Mill schreibt allen Erklärungen im wesentlichen dieselbe logische Struktur zu. Das ist die Grundlage seiner Überzeugung, daß es zwischen den Prinzipien, in deren Namen wir Veränderungen im Bereich der Natur, und solchen, in deren Namen wir Veränderungen im Bereich der Gesellschaft erklären, keinen fundamentalen logischen Unterschied geben könne. Eine notwendige Folge hiervon ist es, daß die methodologischen Fragen der Geisteswissenschaft als *empirische* zu gelten haben: eine Ansicht, die eine abwartende Haltung einschließt gegenüber der Frage, was von den Sozialwissenschaften erreicht werden könne, und nebenbei den Philosophen von der Bildfläche verbannt.

Aber es ist gar keine empirische Frage, sondern eine *begriffliche.* Es geht nicht darum, was die empirische Forschung als faktisch gegeben erweisen mag, sondern darum, was die philosophische Analyse als *sinnvolle Aussage* enthüllt. Ich möchte zeigen, daß die Idee einer menschlichen Gesellschaft ein Begriffsschema impliziert, das mit den von den Naturwissenschaften angebotenen Erklärungsarten logisch unvereinbar ist.

Sowohl die rhetorische Kraft als auch die logische Schwäche der Millschen Position hängt an der Redewendung »nur sehr viel komplizierter«. Es stimmt zwar, diesem Gedankengang zufolge, daß Menschen anders auf ihre Umwelt reagieren als die übrigen Lebewesen; aber der Unterschied ist bloß einer der Komplexität. Die Gleichförmigkeiten mögen im Falle der Menschen schwerer zu entdecken sein, aber sie existieren zweifellos; die Verallgemeinerungen, in welchen sie ausgedrückt werden, stehen auf derselben logischen Stufe wie jede andere Verallgemeinerung.

Obgleich nun menschliche Reaktionen sehr viel komplexer sind als diejenigen anderer Lebewesen, sind sie doch nicht *nur* viel komplexer. Denn was unter dem einen Gesichtspunkt ein Unterschied des Komplexitätsgrades ist, ist unter einem anderen Gesichtspunkt ein qualitativer Unterschied: die Begriffe, die wir auf ein komplexeres Verhalten anwenden, sind logisch verschieden von den auf ein weniger komplexes Verhalten angewandten. Es handelt sich hier um etwas Ähnliches wie das im Zusammenhang mit Ayer im ersten Kapitel

erwähnte »Gesetz des Umschlagens der Quantität in die Qualität«. Unglücklicherweise enthält Hegels Darstellung ebenso wie Engels' Bemerkung darüber insofern einen Fehler, der dem von Mill sehr ähnlich ist, als sie es verabsäumen, physikalische Veränderungen von begrifflichen zu unterscheiden. Sie führen, als Beispiele ein und desselben Prinzips, den plötzlichen qualitativen Übergang vom Wasser zum Eis an, der nach einer Reihe gleichmäßiger quantitativer Temperaturveränderungen erfolgt, und andererseits den qualitativen Wechsel von Behaartheit zu Kahlköpfigkeit, der nach einer Reihe gleichmäßiger quantitativer Veränderungen in der Zahl der Haare erfolgt. (Siehe 1: Kap. 2, Abschnitt 7. Eine ins einzelne gehende Anwendung dieses Prinzips auf ein bestimmtes soziologisches Problem siehe 27: passim.)
Um wieviel Grad muß man die Temperatur eines Eimers Wasser heruntersetzen, damit er gefriert? – Die Antwort darauf muß auf experimentelle Weise gefunden werden. Wie viele Weizenkörner muß man zusammenfügen, damit ein Haufen entsteht? – Dies kann nicht experimentell geklärt werden, weil die Kriterien, nach denen wir einen Haufen von einem Nicht-Haufen unterscheiden, vage sind im Vergleich mit jenen, nach welchen wir Wasser von Eis unterscheiden: es gibt keine scharfe Trennungslinie. Ebensowenig gibt es eine scharfe Trennungslinie zwischen Lebendigem und Nichtlebendigem; aber das macht diesen Unterschied nicht zu einem »bloß graduellen«. Acton sagt, »der Punkt, an dem wir die Linie ziehen, ist einer, den wir wählen müssen, nicht einer, den uns die Tatsachen in

unmißverständlicher Weise aufdrängen«. Aber mag es auch bei Grenzfällen eine Wahlfreiheit geben, so doch nicht bei anderen Fällen: es liegt nicht bei mir oder jemandem sonst, darüber zu *befinden*, ob ich, während ich diese Worte schreibe, am Leben bin oder nicht.

Die Reaktion einer Katze, die ernsthaft verletzt wird, ist »sehr viel komplexer« als die eines Baumes, der gefällt wird. Aber ist es wirklich vernünftig zu sagen, es sei bloß ein Gradunterschied? Wir sagen, daß die Katze »sich windet«. Angenommen, ich beschreibe ihre sehr komplexen Bewegungen in rein mechanischen Ausdrücken und gebrauche dabei ein Schema von Raum-Zeit-Koordinaten. Das wäre in gewisser Weise ebenso eine Beschreibung des wirklichen Geschehens wie die Aussage, daß die Katze sich vor Schmerz windet. Aber die eine Aussage könnte nicht durch die andere ersetzt werden. Die Aussage, die den Begriff des Sichwindens enthält, sagt etwas, dem sich keine noch so detaillierte Aussage jener anderen Art annähern könnte. Der Begriff des Sichwindens gehört einem ganz anderen Zusammenhang an als der Begriff einer in Raum-Zeit-Koordinaten bestimmten Bewegung; und die erstere ist dem Begriff der Katze als eines lebendigen Wesens angemessener als die letztere. Wer glaubte, das Studium der Bewegungsmechanik bei lebendigen Wesen könne auf den Begriff tierischen Lebens ein Licht werfen, wäre das Opfer eines begrifflichen Mißverständnisses.

Ähnliche Erwägungen betreffen meinen früheren Vergleich zwischen den Reaktionen eines Hundes, dem ein Kunststück beigebracht wird, und denjenigen eines

Menschen, der eine Sprachregel lernt. Gewiß sind die letzteren sehr viel komplexer, aber wichtiger ist der logische Unterschied zwischen den anzuwendenden Begriffen. Während der Mensch die Regel verstehen lernt, lernt der Hund bloß in einer bestimmten Weise reagieren. Der Unterschied zwischen diesen Begriffen *stimmt überein* mit dem Unterschied in der Komplexität der Reaktionen, *kann aber nicht daraus erklärt werden.* Wie ich oben zeigte, ist der Begriff des Verstehens in einem gesellschaftlichen Kontext verwurzelt, an welchem der Hund nicht in derselben Weise teilhat wie der Mensch.

Einige Sozialwissenschaftler haben den begrifflichen Unterschied anerkannt, der zwischen unseren gegenwärtig gebräuchlichen Beschreibungen und Erklärungen von Naturprozessen hier, von sozialen Prozessen dort besteht, haben aber geltend gemacht, daß der Sozialwissenschaftler sich diesem unwissenschaftlichen Begriffsrahmen nicht zu fügen brauche, daß es ihm freistehe, solche Begriffe zu bilden, wie er sie für die von ihm angewandte Forschungsweise gebrauchen kann. Ich werde im nächsten Kapitel einige der in dieser Denkweise enthaltenen Täuschungen behandeln; aber Mill weicht von ihr ab. Er setzt die wissenschaftliche Berechtigung, menschliches Verhalten im Rahmen des alltäglichen Sprachgebrauchs zu beschreiben, als selbstverständlich voraus. Die Gesetze des Bewußtseins sind kausale Verallgemeinerungen höherer Ordnung, die unveränderliche Sequenzen von »Gedanken, Gefühlen, Wollungen und Sinneseindrücken« darstellen. (18: Buch VI, 4. Kap.) Und seine Argumentation gegen die

Lehre von der Willensfreiheit im zweiten Kapitel hält sich im Bereich konventioneller Kategorien wie »Charakter und Disposition«, »Motive«, »Zwecksetzungen«, »Bemühungen« usw. Als nächstes muß ich also den Versuch erörtern, Erklärungen des menschlichen Verhaltens so zu interpretieren, als beruhten sie auf Verallgemeinerungen des kausalen Typs.

3 *Motive und Ursachen*

Es geht nicht an, Mill einfach als vorsintflutlich abzutun, denn sein theoretischer Ansatz steht noch immer in Blüte, wie aus der Behandlung der Motivationen in T. M. Newcombs angesehenem Lehrbuch der Sozialpsychologie zu ersehen ist (19: Kap. 2). Newcomb betrachtet in Übereinstimmung mit Mill die Erklärung von Handlungen durch die Motive des Handelnden als eine Abart kausaler Erklärung; aber er weicht darin von Mill ab, daß er Motive mehr als physiologische denn als psychologische Zustände betrachtet. Ein Motiv ist »ein Zustand des Organismus, in dem körperliche Energie mobilisiert und selektiv auf Teile der Umgebung gerichtet wird«. Newcomb spricht auch von »Trieben«: »als Unruhe gefühlte körperliche Zustände, die eine Tendenz zum Handeln auslösen«. Offensichtlich ist hier ein mechanisches Modell wirksam: es hat den Anschein, als glichen menschliche Handlungen dem Funktionieren einer Uhr, bei welcher die in der aufgezogenen Feder gespeicherte Energie durch den Mechanismus in solcher Weise übertragen wird, daß sie die regelmäßigen Bewegungen der Zeiger bewirkt.

Warum entledigt sich Newcomb der Vorsicht, die Mill gegenüber Comtes Behauptung hegt, daß Erklärungen durch Motive auf physiologische Erklärungen reduziert werden können? Liegt es daran, daß die früher problematischen physiologischen Zustände inzwischen identifiziert worden sind? Keineswegs, denn (wie Newcomb sagt) »nichts einem Motiv Verwandtes ist jemals von einem Psychologen gesehen worden«. Nein, die Identifikation von Motiven mit »Zuständen des Organismus« ist die Tat eines Ertrinkenden, der sich an einen Strohhalm klammert. Newcomb fühlt sich zu dieser Schlußfolgerung gezwungen, weil die einzigen Alternativen, die er zu sehen vermag, für ihn unannehmbar sind: nämlich, daß »Motive bloß in der Phantasie des Psychologen existierende Fiktionen« sind, oder aber, daß das einer Sequenz von Verhaltensweisen zugeschriebene Motiv einfach ein Synonym für dieses Verhalten selbst ist.

Er meint freilich auch, es gebe zwingende, wiewohl nur auf Umwegen zu erreichende Beweise. »Erstens kann eine Verhaltenssequenz sich verändernde Grade der Stärke oder der Intensität zeigen, während ihre Richtung mehr oder weniger unverändert bleibt.« »Die einzige Möglichkeit, solche Tatsachen zu erklären, ist die Annahme, daß ein Motiv einem wirklichen Zustand des Organismus entspreche.« Newcomb wirft ein schweres Gewicht zu seinen Gunsten in die Waagschale, indem er sich weitgehend solcher Beispiele bedient, bei denen es sich um eindeutig physiologische

Triebe handelt wie Hunger, Durst und Geschlechtstrieb; und indem er sich hauptsächlich auf Experimente mit Tieren beruft (deren Verhalten der Begriff des Motivs nicht durchaus angemessen ist), versichert er, daß nur die physiologischen Aspekte jener Triebe in Betracht gezogen werden sollen. Aber wäre es sinnvoll zu versuchen, den Einfluß, den Romeos Liebe zu Julia auf sein Verhalten ausübt, in denselben Beriffen zu erklären, welche wir etwa auf eine Ratte anwenden, die durch ihre sexuelle Erregung dazu getrieben wird, ein elektrisch geladenes Gitter zu überwinden, um ihren Geschlechtspartner zu erreichen? Beschreibt Shakespeare das nicht viel besser?
Überdies bleibt diese Erklärungsweise ebenso inhaltslos wie die von Newcomb abgelehnte, solange der »tatsächliche Zustand des Organismus« nicht tatsächlich identifiziert und einer entsprechenden Verhaltensweise zugeordnet ist. Und die von ihm angeführten Fakten stellen gewiß keinen *Beweis* für die angestrebte Schlußfolgerung dar. Das Äußerste, was man sagen kann, ist, daß jene Fakten nicht unvereinbar wären mit der Auffassung der Motive als körperlicher Zustände, falls es für diese Ansicht gute und unabhängige Gründe gäbe. Das gilt besonders im Zusammenhang mit dem von Newcomb in Anspruch genommenen »experimentellen Beweis«, den Zeigarnik 1927 geliefert hat. Bei diesen Experimenten wurden einer Reihe von Versuchspersonen je 20 Aufgaben gestellt, und es wurde ihnen gesagt, für die Lösung jeder Aufgabe stehe eine bestimmte (wenn auch nicht näher bezeichnete) Zeit zur Verfügung. Aber tatsächlich ließ man

jede Versuchsperson nur die Hälfte der ihr gestellten Aufgaben lösen, ohne Rücksicht auf die aufgewendete Zeit, dann wurde ihr zu verstehen gegeben, die ihr eingeräumte Zeit sei abgelaufen. Nachher stellte man fest, daß die Versuchspersonen dazu neigten, den Inhalt der unbeendeten Aufgaben besser im Gedächtnis zu behalten als den der übrigen, und den Wunsch nach einer Möglichkeit zeigten, sie zu beenden. Newcomb sagt dazu:

> Dieses Beweismaterial legt den Gedanken nahe, daß Motivationen ein Mobilisieren von Energien bedeuten, die sozusagen darauf abgestempelt sind, ein bestimmtes Ziel zu erreichen. Die experimentellen Daten liefern keinen endgültigen ›Beweis‹ für eine solche Theorie, aber sie stimmen mit ihr überein und sind schwer auf andere Weise zu erklären. (19: S. 117)

Nun, dieses Beweismaterial wird eine solche Schlußfolgerung nur jemandem »nahelegen«, der ohnehin geneigt ist, sie zu glauben; und die Notwendigkeit einer besonderen Erklärung ist gar nicht gegeben. Das von Zeigarnik festgestellte Verhalten ist durchaus verstehbar, wenn man es etwa so darstellt: das Interesse der Versuchspersonen war geweckt worden, und sie zeigten sich darüber beunruhigt, daß man ihnen nicht erlaubte, etwas Begonnenes zu vollenden. Falls das jemandem nicht wissenschaftlich genug klingt, soll er sich fragen, um wieviel unser Verständnis durch Newcombs Redeweise vermehrt wird. Es gibt sogar ein sehr einfaches, aber gleichwohl zwingendes Argument gegen die physiologische Interpretation von Motiven. Die Motive einer rätselhaften Handlung entdecken *heißt,* unser

Verständnis dieser Handlung vermehren; das ist die Bedeutung des Wortes »Verstehen«, wenn es auf menschliches Verhalten angewandt wird. Aber eine solche Entdeckung können wir ohne nennenswertes Wissen über physiologische Zustände der Menschen machen; deshalb haben unsere Erklärungen ihrer Motive nichts mit ihren physiologischen Zuständen zu tun. Daraus folgt nicht, wie Newcomb befürchtet, daß jene Erklärungen entweder bloße Tautologien wären oder an Fiktionen der Einbildungskraft appellierten. Aber bevor ich versuche, eine positive Deutung ihrer Implikationen zu geben, müssen einige weitere Fehlinterpretationen ausgeräumt werden.

Wie wir gesehen haben, lehnt Mill eine physiologische Deutung von Motiven ab, will aber dennoch in der Erklärung durch Motive eine Abart kausaler Erklärungen sehen. Die Auffassung, die er vertreten möchte, jedoch nicht klar formuliert, scheint etwa die folgende zu sein. – Ein Motiv ist ein spezifisches psychisches Vorkommnis (im Cartesianischen Sinne des »Psychischen«, der impliziert, daß es vollständig dem Bereich des Bewußtseins angehört). Zahnschmerzen zum Beispiel sind in diesem Sinne psychisch, während das Loch im Zahn, das den Schmerz auslöst, physisch ist. Es ist sinnvoll zu sagen, daß jemand ein Loch im Zahn habe, ohne sich dessen bewußt zu sein, nicht aber, daß er Zahnschmerzen habe, ohne sich dessen bewußt zu sein: »ungefühlter Schmerz« ist ein sich selbst widersprechender Ausdruck. Der zwischen Mill und Newcomb bestehende Streitpunkt kann jetzt folgendermaßen formuliert werden: Während Newcomb Motive (Zahnschmerzen) Zuständen des Organismus (Löchern in den Zähnen) anzugleichen sucht, besteht Mill auf deren Unterschied und betont, daß erst noch dargetan werden müsse, ob jedem Motiv (Zahnschmerz) ein organischer Zustand bestimmter Art (Zahnverfall) entspreche. Was wir aber tun können, meint Mill, ist dies: die Kausalbeziehung zwischen Motiven, gesehen als rein bewußtseinsmäßige Ereignisse, und den Handlungen, welche sie veranlassen, zu untersuchen. Das schließt sorgfältige Beobachtungen darüber ein, welche besonderen psychischen Ereignisse mit welchen Handlungen in Verbindung stehen – gerade so, wie wir feststellen mögen, daß bestimmte Funktionsstörungen in einem Motor mit einem blockierten Vergaser und gewisse andere mit einer schadhaften Zündkerze zusammenhängen.

Mills Auffassung wird gewissen Sachverhalten, die wir an uns selbst feststellen können, einigermaßen gerecht. So mag es etwa sein, daß ich eine bestimmte Art von Kopfschmerzen mit einem beginnenden Migräneanfall in Zusammenhang bringe; jedesmal, wenn ich diese Art von Kopfschmerzen fühle, kann ich dann voraussagen, daß ich innerhalb einer Stunde in einem sehr unangenehmen Zustand im Bett liegen werde. Aber niemand würde meine Kopfschmerzen das *Motiv* der Migräne nennen wollen. Natürlich wären wir auch nicht berechtigt, die Kopfschmerzen die *Ursache* der Migräne zu nennen. Hier jedoch treten allgemeinere Schwierigkeiten hinsichtlich der Gültigkeit von Mills Darstellung der wissenschaftlichen Methode auf, die zu erörtern hier nicht der Ort ist.

Gilbert Ryle vertritt gegenüber der Millschen Darstellungsart die Auffassung, von den Motiven einer Person sprechen heiße gar nicht, von Ereignissen sprechen, weder von psychischen noch von physischen, sondern auf ihre Disposition verweisen, in der in Rede stehenden Weise zu handeln. »Die Erklärung einer Handlung aus einem bestimmten Motiv ist nicht analog der Feststellung, daß ein Glas zerbrochen ist, weil es von einem Stein getroffen wurde, sondern der ganz andersartigen Feststellung, daß das Glas zerbrochen ist, als es von einem Stein getroffen wurde, weil es zerbrechlich war.« (29: S. 87) Dagegen gibt es eine Reihe von Einwänden. Einmal ist da die Gefahr, die Erklärung durch Motive auf jene Inhaltslosigkeit herunterzubringen, die Newcomb befürchtet. (Etwas Ähnliches sagt Peter Geach; siehe 10: S. 5.) Außerdem gerät Ryles Anschauung dort in Schwierigkeiten, wo wir einer Handlung, die vom bisher in Erfahrung gebrachten Verhalten des Handelnden gänzlich abweicht, ein Motiv zuschreiben. Es liegt kein Widerspruch darin zu sagen, daß jemand, der niemals zuvor Zeichen einer Disposition zur Eifersucht gezeigt hat, bei einer bestimmten Gelegenheit aus Eifersucht gehandelt habe; gerade dann, wenn jemand in unerwarteter Weise handelt, ist die Erforderlichkeit einer Erklärung durch Motive besonders offenkundig.

Aber für meine gegenwärtigen Zwecke ist es wichtiger festzustellen, daß Ryles Auffassung, mag sie sich auch in mancher Hinsicht von der Millschen unterscheiden, sich doch nicht weit genug von ihr unterscheidet. Eine Aussage über Dispositionen beruht ebenso wie eine über Kausalzusammenhänge auf Verallgemeinerungen dessen, was der Beobachtung zufolge sich ereignet hat. Aber eine Aussage über die Motive eines Handelnden ist anderer Art: man versteht sie besser in Analogie zur Darlegung der *Gründe* eines Handelnden, so zu handeln. Angenommen, *N*, ein Universitätslehrer, sagt, er wolle die Vorlesungen in der nächsten Woche ausfallen lassen, weil er nach London zu fahren beabsichtige: hier haben wir die Bekundung einer Absicht, für welche ein Grund angegeben wird. Nun *folgert N* aber nicht seine Absicht, die Vorlesungen ausfallen zu lassen, aus seinem Wunsch, nach London zu fahren, wie das drohende Zerbrechen des Glases entweder daraus, daß jemand einen Stein geworfen hat, oder aus der Zerbrechlichkeit des Glases geschlossen werden kann. *N* trägt seinen Grund nicht als *Beweisstück* für die Richtigkeit seiner Voraussage über sein künftiges Verhalten vor. (Vgl. Wittgenstein 37: S. 473 f.) Vielmehr *rechtfertigt* er seine Absicht. Seine Aussage ist nicht von der Form: »Diese und diese kausalen Faktoren sind gegeben, deswegen wird jenes die Folge sein«, auch nicht von der Form: »Ich habe diese und diese Disposition, was zur Folge haben wird, daß ich jenes tue«; sie ist von der Form: »In Anbetracht dieser und dieser Erwägungen wird es vernünftig sein, jenes zu tun.«

Das führt mich zurück zu meiner Argumentation im zweiten Abschnitt des zweiten Kapitels, die eine Möglichkeit bietet, Ryles Auffassung der Motive zu berichtigen. Ryle sagt, eine Aussage über jemandes Motive sei als eine »gesetzartige Aussage« zu verstehen, welche die Neigung des Handelnden beschreibe, bei bestimmten Gelegenheiten in bestimmter Art zu handeln. (29: S. 89) Aber die »gesetzartige Aussage«, in deren Rahmen *N*'s Gründe verstanden werden müssen, betrifft nicht *N*'s Dispositionen, sondern die in seiner Gesellschaft geltenden Standards vernünftigen Verhaltens.

Die Ausdrücke »Grund« und »Motiv« sind nicht synonym. Es wäre beispielsweise in den meisten Fällen absurd, das Zuschreiben von Motiven als »Rechtfertigung« zu nehmen: das Zuschreiben eines Motivs ist häufiger ein Verurteilen als ein Rechtfertigen. Zu sagen etwa, daß *N* seine Frau aus Eifersucht ermordet habe, heißt gewiß nicht sagen, daß er vernünftig gehandelt habe. Es heißt vielmehr, daß sein Handeln *verstehbar* ist im Rahmen der in unserer Gesellschaft bekannten Verhaltensweisen, und daß es von Überlegungen beherrscht war, die seinem Kontext angemessen sind. Diese zwei Aspekte der Sache sind miteinander verflochten: man kann nur dort »aus Überlegung« handeln, wo es geltende Standards des Angemessenen gibt, an denen man sich orientieren kann. Das Verhalten des Chaucerschen Troilus gegenüebr Cressida ist nur verstehbar im Kontext der Konventionen höfischer Liebe. Ein Verständnis des Verhaltens von Troilus setzt ein Verständnis dieser Konventionen voraus, denn aus ihnen beziehen seine Handlungen ihre Bedeutung.

Ich habe darauf hingewiesen, inwiefern die Beziehung

zwischen *N*'s Absicht und seinem Grund dafür sich von der Beziehung zwischen einer Voraussage und dem zu ihrer Stützung angeführten Beweismaterial unterscheidet. Aber jemand, der *N* und seine Lebensumstände gut kennt, und der mit der Art von Überlegungen bekannt ist, die er als wichtig zu betrachten geneigt ist, mag auf der Grundlage dieses Wissens voraussagen, wie er sich wahrscheinlich verhalten wird. »*N* hat ein eifersüchtiges Temperament; wenn seine Gefühle in dieser Richtung erregt werden, ist es wahrscheinlich, daß er gewalttätig wird. Ich muß darauf achten, ihn nicht weiter zu provozieren.« Hier führe ich *N*'s Motive als Teil der empirischen Grundlage meiner Voraussage über sein Verhalten an. Aber obwohl das möglich ist, *vorausgesetzt,* ich verfüge bereits über den Begriff eines Motivs, habe ich diesen Begriff nicht in erster Linie als Teil einer Technik gelernt, mittels derer ich Voraussagen mache (ungleich dem Begriff einer Ursache). Lernen, was ein Motiv ist, gehört dem Erlernen der Standards an, die das Leben in der Gesellschaft beherrschen, in der man lebt; und dies wiederum gehört dem Prozeß an, als ein soziales Wesen leben zu lernen.

5 *Die Untersuchung von Regelhaftigkeiten*

Ein Anhänger Mills könnte zugeben, daß Erklärungen menschlichen Verhaltens sich nicht an kausalen Verallgemeinerungen hinsichtlich der Reaktionen eines Individuums auf seine Umwelt zu orientieren haben, sondern an unserem Wissen über die Institutionen und Lebensweisen, denen seine Handlungen ihre Bedeutung verdanken. Aber er könnte dahingehend argumentieren, daß die Grundlagen der Millschen These davon unberührt blieben, weil es sich beim Verstehen gesellschaftlicher Institutionen immer noch darum handle, empirische Verallgemeinerungen zu erfassen, die logisch gesehen auf derselben Stufe stünden wie die der Naturwissenschaft. Denn eine Institution ist schließlich eine bestimmte Art von Gleichförmigkeit, und eine Gleichförmigkeit kann nur in einer Verallgemeinerung erfaßt werden. Diese Argumentation will ich nun untersuchen.

Eine Regelhaftigkeit oder Gleichförmigkeit ist die beständige Wiederkehr eines Ereignisses derselben Art bei einer Gelegenheit derselben Art; daher setzen Aussagen über Gleichförmigkeiten Urteile über Identitäten voraus. Aber das führt uns geradewegs zurück zur Argumentation des achten Abschnitts des ersten Kapitels, der zufolge Kriterien der Identität notwendigerweise von einer Regel abhängen, mit dem Zusatz, daß zwei Ereignisse, die unter dem Gesichtspunkt der einen Regel als qualitativ ähnlich gelten, unter dem Gesichtspunkt einer anderen Regel als voneinander verschieden gelten. Infolgedessen bedeutet die Untersuchung des jeweiligen Typus von Regelhaftigkeit, der mittels einer bestimmten Forschungsweise studiert wird, eine Prüfung der Wesensart der Regel, nach welcher innerhalb der betreffenden Forschung Identitätsurteile gefällt werden. Solche Urteile sind nur in bezug auf eine gegebene, von ihren eigenen Regeln beherrschte menschliche Verhaltensweise verstehbar.[1] In der Naturwissenschaft sind die einschlägigen Regeln diejenigen, welche die Verfahrensweisen der Forscher in der betreffenden Disziplin beherrschen. Beispielsweise würde jemand, der kein Verständnis der Probleme und Verfahrensweisen der Kernphysik besitzt, aus seiner Anwesenheit bei einem Experiment wie dem Cockcroft-Waltonschen Bombardement des Lithiums keinen Gewinn ziehen können; selbst die Beschreibung des von ihm Gesehenen in diesen Ausdrücken wäre ihm unverständlich, denn der Ausdruck »Bombardement« hat im Rahmen der Tätigkeit des Kernphysikers nicht dieselbe Bedeutung wie anderswo. Um zu verstehen, was bei diesem Experiment vor sich geht, müßte er die Natur dessen kennenlernen, was Kernphysiker tun; und dazu gehörte auch das Erlernen der Kriterien, nach welchen sie Identitätsurteile fällen.

Diese Regeln beruhen wie alle anderen auf einem gesellschaftlichen Kontext gemeinsamer Tätigkeiten. Um die Tätigkeiten eines einzelnen wissenschaftlichen Forschers zu verstehen, müssen wir also zwei Gruppen von Relationen in Betracht ziehen: erstens seine Be-

1 Vgl. Hume, *Traktat über die menschliche Natur* (Übers. von E. Köttgen, Hamburg und Leipzig 1895), Einleitung: »Alle Wissenschaften haben offenbar mehr oder weniger Bezug zur menschlichen Natur. Wie sehr sie sich auch von ihr zu entfernen scheinen, alle kommen sie auf dem einen oder anderen Wege wieder zu ihr zurück.« Humes Bemerkung kann dazu dienen, daran zu erinnern, welch enge Beziehung zwischen dem Gegenstand dieser Monographie und einem der durchgängigsten und dominierendsten *Motive* in der Geschichte der neuen Philosophie besteht.

ziehungen zu den Phänomenen, die er untersucht; zweitens seine Beziehungen zu den anderen Wissenschaftlern. Diese beiden Gruppen von Relationen sind in gleicher Weise entscheidend für den Sinn der Ausdrücke »Regelhaftigkeiten entdecken« oder »Gleichförmigkeiten feststellen«. Aber Autoren, die sich über wissenschaftliche »Methodologie« äußern, konzentrieren sich allzu oft nur auf die erstere und übersehen die Wichtigkeit der letzteren. Daß sie verschiedenen Typen angehören müssen, zeigt sich bei folgender Überlegung. – Die untersuchten Phänomene bieten sich dem Wissenschaftler als ein *Objekt* der Forschung dar; er beobachtet sie und stellt im Hinblick auf sie gewisse Fakten fest. Wird aber von jemandem gesagt, daß er dies tue, so setzt das voraus, daß er schon über eine Kommunikationsmöglichkeit verfügt, bei deren Gebrauch bereits Regeln befolgt werden. Denn etwas feststellen heißt, relevante Merkmale identifizieren, und das bedeutet, daß derjenige, der die Feststellung trifft, über einen *Begriff* von solchen Merkmalen verfügen muß; das ist nur möglich, wenn er imstande ist, irgendein Symbol in Übereinstimmung mit einer Regel zu gebrauchen, welche bewirkt, daß das Symbol auf jene Merkmale hinweist. So kommen wir auf seine Beziehung zu den anderen Wissenschaftlern zurück, und einzig im Kontext dieser Beziehung kann davon gesprochen werden, daß er eine Regel befolgt. Daher kann die Beziehung zwischen *N* und seinen Kollegen, kraft deren wir sagen, daß *N* dieselbe Regel befolge wie sie, nicht einfach ein Verhältnis des Beobachtens sein: sie kann nicht darin bestehen, daß *N* bemerkt hat, wie seine Kollegen sich verhalten, und beschlossen hat, dies als Norm für sein eigenes Verhalten zu nehmen. Denn das würde voraussetzen, daß wir *unabhängig* von jener Beziehung zwischen *N* und seinen Kollegen, die wir näher zu bestimmen suchen, den Ausdruck »bemerken, wie seine Kollegen sich verhalten« klären könnten; dies aber trifft, wie gezeigt worden ist, nicht zu. Um Rush Rhees zu zitieren: »Wir sehen, daß wir einander verstehen, ohne festzustellen, ob unsere Reaktionen zusammenpassen oder nicht. *Weil* wir in unseren Reaktionen übereinstimmen, ist es mir möglich, dir etwas zu sagen, und ist es dir möglich, mich etwas zu lehren.« (28)

Der Wissenschaftler verwendet und entwickelt im Verlaufe der Forschung die seinem besonderen Forschungsgebiet entsprechenden Begriffe. Diese Anwendung und Abwandlung wird »beeinflußt« sowohl von den Phänomenen, *auf welche* sie angewendet werden, als auch von den Berufskollegen, *in deren Gesellschaft* sie angewendet werden. Aber diese beiden Arten von »Einflüssen« sind verschieden. Während er auf der Grundlage seiner Beobachtung der Phänomene (im Verlaufe seiner Experimente) seine Begriffe so entwickelt, wie er es tut, ist er doch einzig dazu imstande kraft seiner Partizipation an einer etablierten Form der Tätigkeit in Gesellschaft seiner wissenschaftlichen Kollegen. Wenn ich hier von »Partizipation« rede, so meine ich nicht unbedingt einen unmittelbaren physischen Kontakt oder auch nur eine unmittelbare Kommunikation zwischen den Teilnehmern. Das Wesentliche ist, daß sie alle an der gleichen allgemeinen Tätigkeit teilnehmen, welche sie alle in ähnlicher Weise *gelernt* haben; daß sie daher eines wechselseitigen Austauschs über ihr Tun *fähig* sind; daß das Tun eines jeden von ihnen im Prinzip für die anderen verstehbar ist.

6 *Das Verstehen gesellschaftlicher Institutionen*

Nach Mills Ansicht besteht das Verstehen einer gesellschaftlichen Institution darin, Regelhaftigkeiten des Verhaltens derer, die an ihr teilhaben, zu beobachten und diese Regelhaftigkeiten in Gestalt von Verallgemeinerungen auszudrücken. Wenn nun die Situation des Sozialforschers (im weiteren Sinn) als derjenigen des Naturwissenschaftlers in groben Umrissen vergleichbar angesehen werden kann, muß folgendes der Fall sein. Die Begriffe und Kriterien, denen zufolge der Soziologe das Urteil fällt, daß in zwei verschiedenen Situationen das gleiche sich ereignet hat oder die gleiche Handlung vollzogen worden ist, müssen verstanden werden *unter Bezugnahme auf die Regeln, welche die soziologische Forschung beherrschen.* Aber hier stoßen wir auf eine Schwierigkeit: während wir es im Falle des Naturwissenschaftlers nur mit *einer* Gruppe von Regeln zu tun haben, nämlich denen, die sein Forschen selbst beherrschen, ist im Falle des Soziologen das, *was er erforscht,* ebenso wie sein Forschen selbst ein menschliches Verhalten und daher seinerseits von Regeln geleitet. Und es sind gerade diese Regeln, mehr als die der Forschung selbst, die im einzelnen bestimmen, was im Hinblick auf jenes Verhalten als »das gleiche tun« gelten soll.

Ein Beispiel mag dies verdeutlichen. Betrachten wir die Parabel von dem Pharisäer und dem Zöllner (Lukas 18, 11). Tat der Pharisäer, der sagte »Ich danke dir, Gott, daß ich nicht bin wie die anderen Leute«, etwas von der gleichen Art wie der Zöllner, der betete »Gott, sei mir Sünder gnädig«? Um diese Frage zu beantworten, müßte man zunächst die Implikationen der Idee des Gebetes erwägen; und das ist eine *religiöse* Frage. Mit anderen Worten, die angemessenen Kriterien, nach welchen darüber entschieden werden kann, ob die Handlungen dieser zwei Menschen von der gleichen Art waren oder nicht, gehören der Religion selbst an. Der Religionssoziologe wird sich also einer Antwort auf die Frage gegenübergestellt sehen, ob jene beiden Handlungen der gleichen Gattung angehören. Und diese Antwort folgt Kriterien, die nicht der Soziologie, sondern der Religion selbst entnommen sind.

Aber wenn die Identitätsurteile – und damit die Verallgemeinerungen – des Religionssoziologen von Kriterien abhängen, die der Religion entnommen sind, dann kann sein Verhältnis zu denen, die religiöse Handlungen ausüben, nicht bloß das des Beobachters zum Beobachteten sein. Vielmehr muß es der Partizipation des Naturwissenschaftlers und seiner Kollegen an der Praxis wissenschaftlicher Forschung analog sein. Um es allgemeiner auszudrücken: wenn man auch mit Recht davon sprechen kann, daß das Verstehen einer gesellschaftlichen Verhaltensweise in einer Kenntnis von Regelhaftigkeiten bestehe, muß doch die Wesensart dieser Kenntnis von der Wesensart der Kenntnis physischer Regelhaftigkeiten sehr verschieden sein. Darum ist es prinzipiell verfehlt, die Tätigkeit von jemandem, der eine Form gesellschaftlichen Verhaltens erforscht, etwa mit derjenigen eines Ingenieurs zu vergleichen, der die Funktionsweise einer Maschine untersucht; und man kommt in dieser Sache nicht dadurch weiter, daß man mit Mill sagt, die Maschine, um die es hier gehe, sei natürlich unendlich komplizierter als jede physikalische. Wenn wir den Sozialforscher mit einem Ingenieur vergleichen wollen, tun wir besser daran, ihn mit einem in der Ausbildung begriffenen Ingenieur zu vergleichen, der studiert, worum es sich bei der Tätigkeit des Ingenieurs handelt. Sein Verstehen sozialer Phänomene ist dem Verständnis, welches der Ingenieur für die Tätigkeit seiner Kollegen besitzt, ähnlicher als dem Verständnis der von ihm studierten mechanischen Systeme.

Dieser Gedanke findet seinen Niederschlag in Common-Sense-Erwägungen wie den folgenden: Ein Religionshistoriker oder Religionssoziologe muß selber ein wenig religiöses Gefühl besitzen, wenn er der von ihm untersuchten religiösen Bewegung einen Sinn abgewinnen und die Überlegungen verstehen soll, welche das Leben derer beherrschen, die ihr angehören. Ein Kunsthistoriker muß ein wenig künstlerischen Sinn besitzen, wenn er die Probleme verstehen soll, die sich den Künstlern der von ihm behandelten Periode stellten; andernfalls wird in seiner Darstellung genau das fehlen, was sie zu einer *Kunst*geschichte machen könnte, im Gegensatz zu einem recht rätselhaften äußerlichen Bericht davon, daß gewisse Leute beim Ausführen gewisser Bewegungen beobachtet worden sind.

Ich möchte nicht die Auffassung vertreten, daß wir bei jener unreflektierten Art des Verstehens stehenbleiben sollten, für die ich als Beispiel das Verständnis des Ingenieurs für das Verhalten seiner Kollegen angeführt habe. Wohl aber möchte ich sagen, daß jedes reflektiertere Verstehen, wenn es überhaupt als wirkliches Verstehen gelten soll, notwendigerweise ein unreflektiertes Verstehen bei dem Betreffenden voraussetzt. Und allein schon deswegen ist es irreführend, jenes Verstehen mit dem zu vergleichen, das der Naturwissenschaftler in bezug auf seine wissenschaftlichen Daten zeigt. Ebenso wird jemand, der in reflektierter Weise die Gesellschaft oder eine bestimmte Form des gesellschaftlichen Lebens erforscht, auch dann, wenn er es als notwendig erachtet, Begriffe zu gebrauchen, die nicht der von ihm erforschten Praxis, sondern dem Kontext seiner eigenen Forschung entnommen sind, dennoch mit diesen technischen Begriffen ein vorhergehendes Verständnis jener anderen Begriffe implizieren, die dem erforschten Gegenstand selbst angehören.
So ist zum Beispiel Liquiditätspräferenz ein technischer Begriff der Ökonomen: er wird im allgemeinen nicht von Geschäftsleuten bei der Abwicklung ihrer Geschäftsangelegenheiten gebraucht, sondern von dem Ökonomen, der das Wesen und die Konsequenzen bestimmter Arten des wirtschaftlichen Verhaltens *erklären* möchte. Aber dieser Begriff ist logisch gebunden an andere, die in der wirtschaftlichen Praxis selbst vorkommen, denn sein Gebrauch durch den Ökonomen setzt voraus, daß er versteht, was es heißt, Geschäftsangelegenheiten abzuwickeln, was wiederum ein

Verstehen solcher geschäftlicher Begriffe wie Geld, Profit, Kosten, Risiko usw. einschließt. Nur dadurch, daß seine Deutung zu diesen Begriffen in Beziehung steht, wird sie zu einer Deutung der wirtschaftlichen Praxis im Gegensatz etwa zu einem Stück Theologie.

Ein Psychoanalytiker wiederum mag das neurotische Verhalten eines Patienten im Rahmen von Faktoren erklären, die dem Patienten unbekannt sind, und von Begriffen, die ihm unverständlich wären. Nehmen wir an, die Erklärung des Psychoanalytikers bezieht sich auf Ereignisse der frühen Kindheit des Patienten. Dann wird aber die Beschreibung jener Ereignisse ein Verstehen der Begriffe voraussetzen, in deren Rahmen beispielsweise das Familienleben in unserer Gesellschaft vonstatten geht; denn diese werden, wie rudimentär auch immer, in die Beziehungen zwischen dem Kind und seiner Familie eingegangen sein. Ein Psychoanalytiker, der über die Ätiologie von Neurosen etwa unter den Tobriandern Aufschluß geben wollte, könnte nicht ohne weitere Reflexion einfach die Begriffe anwenden, welche von Freud für Situationen entwickelt worden sind, die in unserer eigenen Gesellschaft entstehen. Er müßte zuerst Dinge wie die Idee der Vaterschaft bei den Inselbewohnern untersuchen und alle wesentlichen Aspekte berücksichtigen, unter welchen diese Idee bei ihnen von der in seiner eigenen Gesellschaft geläufigen abweicht. Und es wäre beinahe unvermeidlich, daß eine solche Untersuchung zu einer Modifikation seiner psychologischen Theorie führte, um sie für die Erklärung neurotischen Verhaltens in dieser neuen Situation geeignet zu machen.

Diese Überlegungen liefern auch eine gewisse Rechtfertigung für jene Art von historischem Skeptizismus, die in *The Idea of History* R. G. Collingwoods, eines unterschätzten Philosophen, Ausdruck findet (6: passim). Ihre praktischen Implikationen brauchen zwar nicht in den Vordergrund zu treten, wo man sich mit Situationen seiner eigenen Gesellschaft oder solcher Gesellschaften befaßt, mit deren Lebensweise man einigermaßen vertraut ist; aber sie drängen sich auf, wo der Gegenstand der Untersuchung eine Gesellschaft ist, die ihrer Kultur nach von derjenigen des Forschers weit entfernt ist. Daher das Gewicht, das die Idealisten Begriffen wie »Einfühlung« und »historische Phantasie« beimaßen (womit nicht bestritten werden soll, daß diese Begriffe wiederum ihre eigenen Schwierigkeiten erzeugen). Das Gesagte steht auch in Zusammenhang mit einer anderen für sie charakteristischen Lehre: daß das Verstehen einer menschlichen Gesellschaft mit der Anstrengung des Philosophen eng verbunden ist. Ich habe in den ersten beiden Kapiteln zu dieser Lehre hingeführt und werde in den beiden letzten zu ihr zurückkehren.

7 *Voraussagen in der Sozialforschung*

In meiner Behandlung Oakeshotts im vorigen Kapitel habe ich auf die Bedeutung der Tatsache hingewiesen, daß willentliches Verhalten ein Verhalten ist, zu welchem es eine Alternative gibt. Da das Verstehen einer Sache das Verstehen ihres Gegenteils impliziert, muß jemand, der mit Verständnis X vollzieht, imstande sein, die Möglichkeit ins Auge zu fassen, nicht-X zu tun. Das ist keine empirische Feststellung, sondern eine Bemerkung über eine Implikation des Begriffs, daß etwas verstehend getan wird.

Betrachten wir nun einen Beobachter O des Verhaltens von *N*. Wenn O voraussagen möchte, wie *N* handeln werde, muß er sich mit den Begriffen bekannt machen, in deren Rahmen *N* die Situation sieht; hat er das getan, so mag er aufgrund seiner Kenntnis von *N*'s Charakter in der Lage sein, mit großer Zuversicht vorauszusagen, welche Entscheidung *N* treffen werde. Aber die von O bei seiner Voraussage gebrauchten Begriffe sind gleichwohl damit vereinbar, daß *N* eine von der vorausgesagten abweichende Entscheidung trifft. Wenn dies geschieht, so folgt daraus nicht notwendigerweise, daß O in seinen Kalkulationen einen Fehler gemacht hätte. Denn worum es bei einer Entscheidung einzig geht, ist, daß ein gegebener Apparat von »Kalkulationen« innerhalb einer Gruppe möglicher Ergebnisse zu jedem beliebigen führen kann. Hier besteht ein großer Unterschied gegenüber den Voraussagen in den Naturwissenschaften, wo eine falsifizierte Voraussage immer irgendeinen Fehler auf seiten des Voraussagenden bedeutet: falsche oder unzureichende Daten, fehlerhafte Kalkulation oder mangelhafte Theorie.

Dies wird im folgenden vielleicht klarer werden. Um die Wesensart der Entscheidung, vor welcher *N* steht, zu verstehen, muß O sich der Regeln bewußt sein, durch welche die Kriterien bereitgestellt werden, die für *N* die wesentlichen Merkmale seiner Situation spezifizieren. Wenn man die Regel kennt, die jemand befolgt, kann man in einer großen Zahl von Fällen sein Verhalten voraussagen, falls die Umstände bekannt sind. Wenn *O* beispielsweise weiß, daß *N* nach der Regel »Beginne mit 0 und füge 2 hinzu, bis du bei 1 000 ankommst« vorgeht, kann er voraussagen, daß *N*, wenn er die Zahl 104 aufgeschrieben hat, als nächstes 106 schreiben wird. Aber manchmal kann O selbst dann, wenn er die von *N* befolgte Regel mit Bestimmtheit kennt, *N*'s Verhalten nicht mit Bestimmtheit voraussagen: wenn nämlich die Frage auftaucht, *worin das Befolgen jener Regel bestehe,* beispielsweise in Situationen, die von all jenen, in welchen sie bisher angewandt wurde, merklich verschieden sind. Die Regel spezifiziert hier kein bestimmtes Ergebnis der Situation, wenn sie auch den Bereich möglicher Alternativen begrenzt; das Ergebnis erlangt Bestimmtheit für die Zukunft durch die Wahl einer dieser Alternativen und die Ablehnung der anderen, bis der Zeitpunkt eintritt, an dem es wieder notwendig wird, die Regel im Lichte abermals neuer Bedingungen zu interpretieren.

Dies mag einiges Licht werfen auf die Implikationen der Idee einer sich entwickelnden historischen Tradition. Wie ich oben bemerkte, stellte Mill sich historische Tendenzen wissenschaftlichen Gesetzen analog vor, und Popper wollte diese Auffassung durch den Hinweis modifizieren, daß das Feststellen einer Tendenz, ungleich dem eines wirklichen Gesetzes, eine Bezugnahme auf eine Gruppe spezifischer Ausgangsbedingungen einschließt. Ich möchte nun eine weitere

Modifikation hinzufügen: selbst wenn eine spezifische Gruppe von Ausgangsbedingungen gegeben ist, wird man dennoch nicht in der Lage sein, ein bestimmtes Ergebnis einer historischen Tendenz vorauszusagen, weil die Fortsetzung oder das Abbrechen jener Tendenz menschliche Entscheidungen beinhaltet, welche nicht durch die vorausgehenden Umstände determiniert sind, die dem Ausdruck »Entscheidungen« erst einen Sinn verleihen.

Zwei Mahnungen zur Vorsicht sind im Zusammenhang mit meiner letzten Bemerkung nötig. Ich bestreite nicht, daß es manchmal möglich ist, Entscheidungen vorauszusagen; nur ist das Verhältnis solcher Voraussagen zu dem empirischen Material, auf welches sie sich gründen, anders als das für wissenschaftliche Voraussagen charakteristische. Und ich gerate auch nicht in die Falle zu sagen, historische Tendenzen seien von denjenigen, die an ihnen teilhaben, bewußt gewollt und beabsichtigt; der wesentliche Punkt ist, daß solche Tendenzen zum Teil die *Folgen* von Absichten und Entscheidungen derer sind, die an ihnen teilhaben.

Die Entwicklung einer historischen Tradition kann ein Abwägen, Argumentationen, das Verschleiern rivalisierender Interpretationen einschließen, worauf vielleicht das Annehmen eines Kompromisses folgt, auf den man sich geeinigt hat, oder das Entstehen rivalisierender Schulen. Man denke etwa an das Verhältnis zwischen den Kompositionen Haydns, Mozarts und Beethovens; oder an die rivalisierenden politischen Gedankenrichtungen, die alle mit einem gewissen Anschein von Berechtigung auf die marxistische Tradition

gegründet zu sein beanspruchen. Man denke an die Wechselwirkung von Orthodoxie und Häresie in der Entwicklung der Religion; oder an die Weise, in der das Fußballspiel von dem Jungen aus Rugby revolutioniert wurde, der den Ball aufnahm und mit ihm davonlief. Aufgrund einer Kenntnis des vorausgegangenen Zustandes dieses Spiels eine solche Revolution vorauszusagen, wäre gewiß ebensowenig möglich gewesen, wie die Philosophie Humes aufgrund der Philosophien seiner Vorgänger vorauszusagen. Es kann hier von Nutzen sein, sich daran zu erinnern, was Humphrey Lyttleton jemandem entgegnete, der ihn fragte, wohin der Jazz sich bewege: »Wenn ich wüßte, wohin der Jazz sich bewegt, wäre ich schon dort.«
Maurice Cranston sagt im wesentlichen dasselbe, wenn er bemerkt, daß die Voraussage einer Dichtung oder einer neuen Erfindung bedeuten würde, daß man selbst das Gedicht schriebe oder die Erfindung machte. Und wenn man das bereits selbst getan hat, ist es unmöglich vorauszusagen, daß jemand anderer dieses Gedicht verfassen oder diese Erfindung machen werde. »Er könnte es nicht voraussagen, denn er könnte nicht sagen, daß es geschehen werde, bevor es geschehen ist.« (8: S. 166)

Es wäre zwar verführerisch aber verfehlt, dies als ein Stück trivialer Holzhammerlogik zu betrachten. Es sieht nach einem aussichtslosen Versuch aus, durch apriorisches Gesetzgeben eine rein empirische Möglichkeit auszuschließen. Was aber wirklich gezeigt wird, ist, daß die für unser Verstehen des gesellschaftlichen Lebens zentralen Begriffe unvereinbar sind mit Begriffen, welche in der Praxis naturwissenschaftlicher Voraussage zentrale Bedeutung haben. Wenn wir von der Möglichkeit wissenschaftlicher Voraussage gesellschaftlicher Entwicklungen dieser Art sprechen, verstehen wir buchstäblich nicht, was wir sagen. Wir können es nicht verstehen, weil es sinnlos ist.

IV Bewußtsein und Gesellschaft

1 *Pareto: logisches und nichtlogisches Verhalten*

Ich versuchte im dritten Kapitel zu zeigen, daß die Begriffe, deren wir uns normalerweise beim Nachdenken über gesellschaftliche Ereignisse bedienen, mit den dem naturwissenschaftlichen Erklären angehörigen Begriffen logisch unvereinbar sind. Ein wichtiger Teil der Argumentation lag darin, daß die ersteren Begriffe in das gesellschaftliche Leben selbst eingehen und nicht nur in dessen Beschreibung durch den Beobachter. Aber es gibt eine einflußreiche Gedankenrichtung, welche geltend macht, daß die Ideen der am gesellschaftlichen Leben Teilhabenden gering geschätzt werden müßten, da sie eher fehlgeleitet und verwirrend seien als das Gegenteil. Dieser Gedankenrichtung gehört beispielsweise das Durkheim-Zitat am Ende des ersten Kapitels an. Ich möchte nun den von Vilfredo Pareto unternommenen Versuch näher betrachten, empirisch zu zeigen, daß die Ideen der Menschen, die mit ihrem Verhalten verknüpft sind, die Wesensart und das Ergebnis ihres Verhaltens viel weniger grundlegend beeinflussen, als gewöhnlich angenommen wird; und daß der Soziologe daher seine eigenen Begriffe von sich aus neu entwickeln und den Ideen der an sozialen Ereignissen Teilhabenden möglichst wenig Beachtung schenken müsse. Meine Untersuchung ist dazu

bestimmt, vor allem zwei Punkte herauszuarbeiten: erstens, daß Pareto ein wesentlich philosophisches Problem mit einem empirischen, szientivischen verwechselt, und zweitens, daß die in seiner Argumentation gezogene Schlußfolgerung in Wahrheit falsch ist.
Pareto geht aus von einer Erörterung der Implikationen eincs szientivischen Ansatzes in der Soziologie. Im wesentlichen sagt er, dieser Ansatz bestehe darin, nur streng empirisch fundierte Begriffe zu verwenden, seine Theorien immer vorbehaltlos der Kontrolle durch Beobachtung und Experiment zu unterwerfen und sich zu vergewissern, daß man beim Schlußfolgern immer streng logisch verfährt. Dies nennt er den »logico-experimentellen« Ansatz. Die Daten des Soziologen sind die Handlungen von Menschen, die miteinander leben, und aus diesen sondert Pareto als besonderer Beachtung bedürftig dasjenige Verhalten aus, das einen intellektuellen Inhalt ausdrückt.

In einer gegebenen Menschengruppe sind bestimmte bschreibende, vorschreibende oder andere Sätze gängig ... Solche Sätze, durch ein logisches oder pseudologisches Band zusammengehalten, bilden dann Theorien, Theologien, Kosmogonien, Metaphysiken usw.
Alle diese Sätze und Theorien sind experimentelle Tatsachen, solange man sie von außen betrachtet, ohne ihre innere Bedeutung zu untersuchen, wie sie ihren Ursprung im Glauben haben, und als experimentelle Tatsachen müssen wir sie betrachten und untersuchen. (23: Abschnitt 7)

Was uns hier beschäftigen soll, sind Paretos Ansichten darüber, in welcher Beziehung die Urteile und Theorien, welche die Menschen sich zu eigen machen, zu ihrem übrigen Verhalten stehen. In welcher Beziehung stehen beispielsweise die Aussagen der christlichen Theologie zu der Praxis christlicher Riten? Pareto hebt nun mit Recht hervor, daß diese Frage doppeldeutig ist. Sie kann bedeuten: Stellen diese Theorien wirklich gute Gründe für die Handlungen dar, die sie zu rechtfertigen beanspruchen? Oder sie kann bedeuten: Ist das Verhalten der Menschen wirklich so, wie sie es gewöhnlich behaupten, von den Ideen beherrscht, denen sie anhängen, oder würden sie sich auch dann weiterhin so verhalten, wenn sie aufhörten, solchen Ideen anzuhängen? Pareto hält es für die Aufgabe einer wissenschaftlichen »logico-experimentellen« Soziologie, diese beiden Fragen zu beantworten; zu diesem Zweck führt er zwei wichtige Unterscheidungen ein: (1) die zwischen *logischen* und *nichtlogischen* Handlungen, (2) die zwischen *Residuen und Derivationen.*

(1) ist dazu bestimmt, Licht auf die Frage zu werfen, inwieweit die Theorien, denen die Menschen anhängen, gute Gründe für die Handlungen darstellen, die sie ausführen.

Es gibt Handlungen, die einem Zweck angemessene und mit diesem logisch verbundene Mittel darstellen. Es gibt andere, denen dieser Charakter fehlt. Diese beiden Klassen sind sehr verschieden, je nachdem man sie von ihrer objektiven oder ihrer subjektiven Seite betrachtet. Von dieser letzteren aus gehören fast alle menschlichen Handlungen zur letzteren Klasse. Für die griechischen Seeleute waren die Poseidonopfer und das Rudern gleich logische Mittel der Navigation ... Das heißt ein für allemal, wir wollen »logische Handlungen« diejenigen Tätigkeiten nennen, die nicht nur für ihr Subjekt, sondern auch für Besitzer ausgedehnterer Kenntnisse mit ihrem Zweck logisch verbunden sind, d. h. die Handlungen, die subjektiv und objektiv den vorhin dargelegten Sinn haben. Die übrigen Handlungen sollen »nicht-logisch« genannt werden; was nicht »unlogisch« bedeutet. (23 : Abschnitt 150)

Eine logische Handlung ist demzufolge eine solche, die die folgenden Bedingungen erfüllt: (a) es wird ihr von dem Handelnden ein Resultat zugeschrieben, und sie wird von ihm zu dem Zwecke ausgeführt, dieses Resultat zu erzielen; (b) sie ist auch tatsächlich geeignet, das von dem Handelnden ins Auge gefaßte Resultat herbeizuführen; (c) der Handelnde hat gute (von Pareto als solche anerkannte, das heißt »logico-experimentelle«) Gründe für seinen Glauben; (d) der angestrebte Zweck muß ein empirisch identifizierbarer sein. Die Verschiedenartigkeit dieser Kriterien bedeutet, daß eine Handlung auch in einer Reihe verschiedenartiger Weisen nichtlogisch sein kann, unter denen die folgenden zu den wichtigsten zählen. Sie kann nichtlogisch sein, weil der Handelnde durch sie überhaupt keinen Zweck zu erreichen gedenkt; das scheint dem zu entsprechen, was Max Weber mit *wertrationalen* im Gegensatz zu *zweckrationalen* Handlungen meinte. Aber Pareto hält sie für selten, weil, wie er sagt, »Menschen eine sehr beträchtliche Neigung haben, auf ihr Verhalten eine Tünche von Logik aufzutragen« (Abschnitt 154). (Es ist interessant und wichtig, daß er außerstande ist, sich vorzustellen, daß eine Handlung in irgendeiner anderen Weise auch nur den Anschein des Logischen haben könnte als im Rahmen der Kategorien von Mittel und Zweck.) Weiterhin kann eine Handlung nichtlogisch sein, weil sie, auch wenn der Handelnde sie um eines Zweckes willen ausführt, entweder einen ganz anderen oder überhaupt keinen Zweck verwirklicht. Das kann daran liegen, daß, wie Pareto sich ausdrückt, der angestrebte Zweck überhaupt kein realer, sondern »imaginär« ist, weil »außerhalb des Bereichs der Beobachtung und der Erfahrung angesiedelt« (Abschnitt 151): er erwähnt mehrmals das Heil der Seele als Beispiel eines »imaginären« Zweckes dieser Art. Oder sie kann nichtlogisch sein, weil der angestrebte Zweck zwar ein ganz und gar realer ist, aber nicht in der Weise erreicht wird, wie der Handelnde meint: dieser Klasse rechnet Pareto sowohl magische Praktiken zu (Abschnitt 160) als auch »gewisse Maßnahmen (beispielsweise Lohnkürzungen) von Geschäftsleuten (Unternehmern), die unter den Bedingungen freien Wettbewerbs arbeiten« (Abschnitt 159).

Die Einordnung all dieser verschiedenen Handlungstypen (und sicher noch weiterer) in eine einzige Kategorie muß offenbar zu ernsten Schwierigkeiten führen. Ich möchte mich hier auf eine davon konzentrieren: die Schwierigkeit, zwischen »nichtlogischem« und »unlogischem« Handeln eine klare Unterscheidung zu treffen. Im obigen Zitat aus dem Abschnitt 150 der *Allgemeinen Soziologie* sahen wir, daß Pareto darauf bestand, daß »nichtlogische« und »unlogische« Handlungen keineswegs dasselbe seien; und er vertritt denselben Standpunkt, wenn er an viel späterer Stelle schreibt, daß »ein Fehler in der Arbeit des Ingenieurs nicht eine nichtlogische Handlung ist« (Abschnitt 327).

Dennoch hält Pareto den Fehler eines Unternehmers, der glaubt, durch Kürzung des Lohnes seiner Arbeitnehmer werde er seinen eigenen Profit vergrößern, für eine nichtlogische Handlung. Welcher Unterschied von Belang besteht zwischen einem Fehler in der Arbeit des Ingenieurs und demjenigen des Unternehmers (dessen Gedanke, laut Pareto, unter monopolistischen Bedingungen kein Fehler zu sein braucht)? Und ist der Fehler des Unternehmers denn überhaupt mit dem Ausführen eines magischen Ritus vergleichbar? Gewiß sollte er besser mit einem *Fehler* bei einem magischen Ritus verglichen werden. Der Fehler des Unternehmers ist eine bestimmte Handlung (es mag aber eine große Zahl ähnlicher Beispiele geben) innerhalb der *Kategorie* geschäftlichen Verhaltens, aber magische Praktiken *konstituieren selbst* eine Verhaltenskategorie. Magie spielt in einer Gesellschaft, in der sie vorkommt, eine eigene, selbständige Rolle und wird Überlegungen eigener Art entsprechend ausgeübt. Dasselbe gilt von der geschäftlichen Tätigkeit, aber es gilt nicht von *fehlgeleiteter* geschäftlicher Tätigkeit, auf welche Pareto sich bezieht, denn diese kann nur durch Bezugnahme auf die Zwecke und die Wesensart geschäftlicher Tätigkeit im allgemeinen verstanden werden. Andererseits heißt es die Magie *mißverstehen*, wenn man wie Pareto sie im Hinblick auf die Zwecke und die Wesensart wissenschaftlicher Praxis zu verstehen versucht.

Die Unterscheidung zwischen einer allgemeinen Kategorie des Handelns – einer gesellschaftlichen Lebensform – und einer bestimmten Art von Handlungen, die in eine solche Kategorie fallen, ist von zentraler Wichtigkeit für die Unterscheidung zwischen logischem und nichtlogischem Verhalten. Eine *un*logische Handlung impliziert vermutlich einen *Fehler* in der Logik; aber etwas *nichtlogisch* nennen, sollte bestreiten heißen, daß Kriterien der Logik darauf überhaupt anzuwenden sind. Das heißt, es ergibt keinen Sinn, von nichtlogischem Verhalten zu sagen, es sei entweder logisch oder unlogisch, ebenso wie es keinen Sinn ergibt, von etwas Nichträumlichem (wie etwa der Tugend) zu sagen, daß es entweder räumlich groß oder räumlich klein sei. Aber Pareto denkt die darin liegenden Implikationen nicht zu Ende. Beispielsweise versucht er den Ausdruck »nichtlogisch« in einer im Sinne der Logik herabsetzenden Bedeutung zu gebrauchen, wie wenn jemand aus der Tatsache, daß Tugend nicht räumlich groß ist, schließen wollte, daß sie räumlich klein sein müsse. Ein großer Teil der Schwierigkeiten rührt von der Tatsache her, daß Pareto den Punkt nicht gesehen hat, um den die Argumentation dieser Monographie sich in der Hauptsache dreht: daß Kriterien der Logik nicht ein unmittelbares Geschenk Gottes sind, sondern dem Kontext von Lebensweisen oder gesellschaftlichen Lebensformen entspringen und nur in ihm verstehbar sind. Daraus folgt, daß man nicht Kriterien der Logik auf gesellschaftliche Lebensformen als solche anwenden kann. Zum Beispiel ist die Wissenschaft eine solche Lebensform und die Religion eine andere, und jede der beiden hat ihr eigentümliche Kriterien der Verstehbarkeit. So können innerhalb der Wissenschaft oder der Religion Handlungen logisch oder unlogisch sein:

in der Wissenschaft wäre es beispielsweise unlogisch, wenn man es ablehnte, die Resultate eines sachgemäß ausgeführten Experiments als verbindlich zu betrachten; in der Religion wäre es unlogisch, wenn man annähme, daß man seine eigene Kraft gegen diejenige Gottes in die Waagschale werfen könnte usw. Aber wir können vernünftigerweise nicht sagen, daß die wissenschaftliche oder religiöse Praxis als solche logisch oder unlogisch sei; beide sind nichtlogisch. (Das ist natürlich insofern eine vereinfachende Formulierung, als es die Tatsache unberücksichtigt läßt, daß voneinander unterschiedene gesellschaftliche Lebensformen sich überschneiden. So kann etwa jemand religiöse Gründe haben, sein Leben der Wissenschaft zu widmen. Aber ich glaube, daß die Substanz dessen, was ich sagen möchte, davon unberührt bleibt, wenn auch seine genaue Formulierung im einzelnen dadurch komplizierter würde.) Was Pareto nun sagen will, ist, daß die Wissenschaft selbst eine Gestalt des logischen Verhaltens sei (ja sogar *die* Gestalt par excellence solchen Verhaltens), während die Religion nichtlogisch sei (in einem, von der Logik her gesehen, herabsetzenden Sinn). Und das ist, wie ich zu zeigen versucht habe, nicht zulässig.

Es gibt noch eine tiefere Ursache für Paretos Versäumnis, das »Nichtlogische« und das »Unlogische« angemessen zu unterscheiden. Sie steht in Zusammenhang mit seinem Glauben, daß die geeignete Methode, eine völlig unparteiische, von äußeren Bindungen freie Theorie der Funktionsweise menschlicher Gesellschaften zustande zu bringen, darin bestehe, ausschließlich

»logico-experimentelle« Kriterien gelten zu lassen, die er in Analogie zu dem sieht, was er als naturwissenschaftliche Praxis versteht. Unter diesem Gesichtspunkt hat er offenbar ganz recht, rivalisierende Theorien *über* gesellschaftliches Leben (d. h. alternative *soziologische* Theorien) im Hinblick auf jene Kriterien zu bewerten. Er versucht jedoch fortwährend, mehr als das zu tun: die Ideen und Theorien, die seinem Forschungsgegenstand angehören, im Hinblick auf dieselben Kriterien zu beurteilen. Aber das verwickelt ihn in eine grundlegende Konfusion: daß er nämlich in eben der Weise Partei ergreift, die durch Anwendung der logico-experimentellen Methode ausgeschlossen werden sollte. Die Verwirrung, in die er so gerät, wirft ein Licht auf das, worauf es mir ankam, als ich die Auffassung vertrat, daß der Typus von Problemen, mit dem er es hier zu tun hat, passender der Philosophie als der Wissenschaft zuzurechnen sei. Das hat etwas zu tun mit dem besonderen Sinn, in welchem die Philosophie ein Forschen *ohne äußere Bindung* ist. Ich habe im ersten Kapitel dargelegt, inwiefern die Philosophie es damit zu tun hat, die Weisen, in denen die Welt in den verschiedenen intellektuellen Disziplinen erkennbar gemacht wird, zu erhellen und zu vergleichen, und inwiefern dies zu einer Erhellung und einem Vergleich verschiedener Lebensformen führt. Die Freiheit der Philosophie von äußerer Bindung zeigt sich hier darin, daß es ihr ebenso auch darum geht, ihre eigene Darstellung der Dinge aufzuhellen; die Beschäftigung der Philosophie mit ihrem eigenen Wesen ist also nicht eine ungesunde narzißtische

Verirrung, sondern ein wesentlicher Teil dessen, was sie zu tun versucht. Bei der Erfüllung dieser Aufgabe wird die Philosophie insbesondere darauf bedacht sein, die Prätention einer jeglichen Forschungsrichtung zu entkräften, die das Wesen des Erkennbaren als solchen in sich zu beschließen, den Schlüssel zur Realität zu besitzen meint. Denn mit der Einsicht, daß es viele und verschiedenartige Formen des Erkennens gibt, ist die Einsicht verknüpft, daß es für die Realität keinen Schlüssel gibt. Aber Pareto begeht genau diesen Fehler: die Art, in der er den Unterschied zwischen logischem und nichtlogischem Verhalten erörtert, bedeutet die Etablierung des wissenschaftlichen Erkennens (oder vielmehr seine Fehldeutung dieses Erkennens) als Norm der Erkenntnis im allgemeinen; er erhebt für die Wissenschaft den Anspruch, den Schlüssel zur Realität zu besitzen.

Die Wissenschaft ist ungleich der Philosophie auf ihre Weise, die Dinge der Erkenntnis zugänglich zu machen, festgelegt, und zwar so sehr, daß alle anderen ausgeschlossen werden. Oder sie ist sich vielmehr ihrer selbst nicht bewußt, wenn sie ihre Kriterien anwendet. Denn ein reflektiertes Bewußtsein von solchen Dingen haben *heißt* philosophisch sein. Diese nichtphilosophische Unreflektiertheit ist bei der Erforschung der Natur meistenteils richtig und am Platze (außer in solchen kritischen Phasen wie derjenigen, die Einstein vor der Formulierung der speziellen Relativitätstheorie durchlief); aber sie ist verhängnisvoll bei der Erforschung der menschlichen Gesellschaft, deren Wesen geradezu darin liegt, aus verschiedenen konkurrierenden

Lebensformen zu bestehen, von welchen jede eine andere Auffassung der Erkennbarkeit der Dinge anbietet. Solchen konkurrierenden Auffassungen gegenüber eine bindungslose Betrachtungsweise einzuhalten, ist insbesondere Aufgabe der Philosophie; es ist nicht ihre Sache, der Wissenschaft, der Religion oder irgend etwas anderem Preise zuzuerkennen. Es ist nicht ihre Sache, irgendeine Weltanschauung zu befürworten (in der Art, in der Pareto inkonsistenterweise eine pseudowissenschaftliche Weltanschauung anbietet). Mit Wittgenstein zu reden: »Die Philosophie läßt alles wie es war.«

In diesem Zusammenhang lohnt es, sich der Behauptung Collingwoods zu erinnern, daß manche von »wissenschaftlichen« Anthropologen gebotenen Darstellungen »eine halbbewußte Verschwörung maskieren, Zivilisationen, die von der unseren verschieden sind, der Lächerlichkeit und Verachtung preiszugeben«. (7: Buch I, 4. Kap.) Ein klassisches Beispiel dieses korrupten Gebrauchs »wissenschaftlicher Objektivität« findet sich in R. S. Lynds *Knowledge for What* (15: S. 121, Fußnote 7). Die philosophischen Konfusionen der Lyndschen Argumentation sollten jedem klar sein, der den Darlegungen dieser Monographie gefolgt ist.

2 *Pareto: Residuen und Derivationen*

Um diesen Punkt weiter zu entwickeln, wende ich mich nun der zweiten von Pareto getroffenen Unterscheidung zu: der zwischen *Residuen* und *Derivationen.*

Diese Unterscheidung soll zwei Funktionen erfüllen. In erster Linie soll sie *wiederkehrende* Züge in unserer Beobachtung menschlicher Gesellschaften beistellen, die sich als Gegenstände wissenschaftlicher Verallgemeinerung eignen. Pareto macht geltend, daß einem beim Betrachten einer großen Anzahl verschiedener Gesellschaften in verschiedenen historischen Perioden die Tatsache auffällt, daß, während gewisse Arten des Verhaltens mit geringen Abweichungen immer wiederkehren, andere Arten sehr veränderlich sind, sich mit dem Zeitablauf fortwährend wandeln und in den einzelnen Gesellschaften beträchtliche Verschiedenheiten aufweisen. Er nennt die konstanten, wiederkehrenden Elemente »Residuen«; sie sind das, was übrigbleibt, wenn die sich wandelnden Züge außer Betracht bleiben. Die variablen Elemente sind »Derivationen«, ein Terminus, der sich auf eine Feststellung über jene Art des Verhaltens bezieht, die Pareto empirisch entdeckt zu haben beansprucht: daß nämlich in erster Linie die Theorien, in deren Rahmen die Menschen zu erklären versuchen, warum sie sich so verhalten, wie sie es tun, unter diese Kategorie fallen. Die Derivation »stellt die Arbeit des Bewußtseins dar, von (dem Residuum) Rechenschaft zu geben. Aus diesem Grunde ist die Derivation als ein das Spiel der Einbildungskraft spiegelndes Element viel variabler«. (23: Abschnitt 850)
Weil die Derivationen im Vergleich mit den Residuen so veränderlich und wandelbar sind, dringt Pareto darauf, die Annahme zu akzeptieren, daß die Ideen und Theorien, denen die Menschen anhängen, geringen Einfluß darauf haben, wie sie sich anderweitig verhalten;

daß jemand seinen Theorien anhängt, kann keine gültige Erklärung dafür sein, warum er in der tatsächlich gegebenen Weise handelt, denn dieses Verhalten wird selbst dann fortgesetzt, wenn die Theorien aufgegeben worden sind. Der Begriff der Derivation bietet offenbar viele Vergleichspunkte an, etwa zu dem Marxschen Begriff der »Ideologie« und zu dem Freudschen Begriff der »Rationalisierung«. Was ich aber hier hervorheben möchte, ist, daß es Pareto nur durch diese begriffliche Unterscheidung gelingt, in verschiedenartigen Gesellschaften gemeinsame Züge aufzufinden, die als Gegenstände wissenschaftlicher Verallgemeinerung geeignet erscheinen. Das heißt: die Behauptung, es gebe soziologische Gleichförmigkeiten, geht Hand in Hand mit der These, die menschliche Intelligenz werde als wirklicher Einfluß auf soziale Ereignisse stark überschätzt.

Ich werde nun ein Beispiel für Paretos detaillierte Anwendung jener Unterscheidung zitieren:

Die Christen machen Gebrauch von der Taufe. Kennte man nur diese Handlung, so wüßte man nicht, ob und wie man sie in andere zerlegen kann. Überdies haben wir eine Erklärung. Man sagt uns, man vollziehe diese Handlung, um die Erbsünde zu tilgen. Das genügt noch nicht, und wenn wir nicht andere gleichartige Handlungen kennten, wäre es schwer, das zusammengesetzte Phänomen in seine Teile zu zerlegen. Aber wir kennen andere gleichartige Handlungen. Auch die Heiden hatten lustrales Wasser, das zu Reinigungen diente. Bliebe man dabei stehen, würde man den Gebrauch des Wassers und die Tatsache der Reinigung in Beziehung setzen. Aber andere gleichartige Tatsachen zeigen uns, daß der Gebrauch des Wassers noch nicht der konkrete Bestandteil der Phänomene ist. Für Reinigungen kann man sich auch des Blutes und anderer Stoffe bedienen. Auch damit noch nicht genug: Zum gleichen Zweck gibt es verschiedene Mittel ... Das konkrete Phänomen entsteht also aus diesem konstanten Element a und einem variablen Element b, das die zur Wiederherstellung der Unschuld gebrauchten Mittel und die zur Erklärung ihrer Wirksamkeit angeführten Gründe umfaßt. Der Mensch hat das verworrene Gefühl, daß Wasser moralische Flekken abwaschen kann, so wie es materielle Flecken abwäscht. Gewöhnlich aber begründet man den Gebrauch des Wassers zur Wiederherstellung der Unschuld nicht auf diese Weise, die als zu einfach erscheint: man sucht verwickeltere Erklärungen, weitreichendere Begründungen und findet leicht, was man sucht. (23: Abschnitt 863)

Nun entstehen aber wohlbekannte philosophische Schwierigkeiten bei dem Versuch, ganze Klassen rationalen Denkens als bedeutungslos auszuschließen in Entgegnung auf eine konkrete Berufung auf ein solches Denken innerhalb einer bestimmten Klasse. Man bedenke beispielsweise die oft erörterten Schwierigkeiten, die sich erheben, wenn man einen *allgemeinen* Zweifel an der Zuverlässigkeit der Sinne oder des Gedächtnisses geltend macht. Aber Pareto würde zweifellos behaupten, vor dieser Art von Inhaltlosigkeit durch die Masse an empirischem Material, auf die seine These sich stütze, gesichert zu sein. Seine These über die relative Variabilität der Derivationen und die relative Konstanz der Residuen ist jedoch nicht, wie er meint, geradewegs ein Bericht über Beobachtungsergebnisse. Das konstante Element *a* und das variable Element *b* werden nicht durch Beobachtung unterschieden, sondern nur infolge einer (unberechtigten) Abstraktion. Bei dem zitierten, die Residuen der religiösen Reinigung betreffenden Beispiel ist das konstante Element nicht einfach eine Gruppierung physischer Bewegungen, denn es kann eine Vielzahl verschiedener physischer Formen annehmen (was Pareto selbst hervorzuheben bemüht ist). Die bloße Handlung des Händewaschens wäre kein Beispiel dafür; sie würde nur dann zu einem solchen, wenn sie in *symbolischer* Absicht, als ein Zeichen moralischer oder religiöser Reinigung, ausgeführt würde. Dieser Punkt ist so wichtig, daß ich ihn an einem weiteren Beispiel, dem der »Residuen der Sexualität«, erläutern möchte. Pareto will sich nicht, wie erwartet werden könnte, auf den gemeinsamen Faktor einfachen biologischen Geschlechtsverkehrs beziehen, der inmitten all der vielfältigen gesellschaftlichen Gebräuche und moralischen Ideen aufzufinden ist, die zu verschiedenen Zeiten und an verschiedenen Orten mit den Geschlechtsbeziehungen verbunden sind. Er scheidet diesen Faktor ausdrücklich aus. Um als Residuum gelten zu dürfen, muß eine Verhaltensweise einen quasi-geistigen oder symbolischen Gehalt haben. »Bloßer Geschlechtstrieb ist zwar in der menschlichen Rasse mit großer Macht wirksam, beschäftigt uns hier aber nicht... Wir sind an ihm nur insoweit interessiert, als er Theorien, Denkweisen beeinflußt.« (23: Abschnitt 1.324) Ein beherrschendes Residuum, das Pareto erörtert, ist zum Beispiel die asketische Haltung gegenüber Geschlechtsbeziehungen: die Vorstellung, daß sie als etwas Böses oder zumindest moralisch Schwächendes vermieden werden sollen. Aber dieser konstante Faktor ist nicht etwas, das Pareto unabhängig von den hochgradig verschiedenen moralischen und theologischen Gedankensystemen, in deren Rahmen sexuelle Askese in verschiedenen Gesellschaften gerechtfertigt oder erklärt wird, *beobachtet* hätte. Es ist etwas, das er aus jenen Gedankensystemen mit Hilfe einer Begriffsanalyse herausanalysiert hat.

Aber Ideen können nicht in dieser Weise aus ihrem Kontext herausgerissen werden; zwischen der Idee und dem Kontext besteht eine *innere* Beziehung. Die Idee gewinnt ihren Sinn aus der Rolle, welche sie in dem System spielt. Es ist unsinnig, sich eine Reihe von Gedankensystemen vorzunehmen, in jedem von ihnen ein Element aufzufinden, das verbal in derselben Weise ausgedrückt werden kann, und dann zu beanspruchen, eine Idee entdeckt zu haben, die all diesen Systemen gemeinsam ist. Das wäre ebenso, wie wenn man feststellte, daß sowohl das aristotelische als auch das galileische System der Mechanik einen Begriff der Kraft verwendet, und daraus schlösse, daß sie also denselben Begriff verwendeten. Man kann sich das Wutgeheul vorstellen, zu welchem ein solches philiströses Verfahren Pareto veranlassen würde; aber er macht sich genau derselben Art philiströsen Denkens schuldig, wenn er beispielsweise die soziale Beziehung zwischen »einem amerikanischen Millionär und einem einfachen Amerikaner« mit derjenigen zwischen einem Inder aus hoher Kaste und einem aus niedriger Kaste vergleicht. (Siehe Abschnitt 1.044) Und Vergleiche dieser Art sind für seine ganze Verfahrensweise wesentlich.

Derselbe Punkt läßt sich auch folgendermaßen bezeichnen. Zwei Dinge können nur unter Bezugnahme auf eine Gruppe von Kriterien »gleich« oder »verschieden« genannt werden, die festlegen, was als ein Unterschied von Belang gelten soll. Wenn die in Rede stehenden »Dinge« rein physisch sind, werden die Kriterien, auf welche Bezug genommen wird, natürlich die des Beobachters sein. Aber wenn man es mit geistigen (oder überhaupt mit irgendeiner Art von gesellschaftlichen) »Dingen« zu tun hat, ist das nicht so. Denn daß sie nicht physischen, sondern geistigen oder gesellschaftlichen Charakters sind, hängt völlig daran, daß sie in gewisser Weise einem Ideensystem oder einer Lebensform angehören. Nur durch ihre Beziehung zu den Kriterien, die jenes Ideensystem oder jene Lebensform beherrschen, existieren sie als geistige oder soziale Ereignisse. Daraus folgt, daß der soziologische Forscher, wenn er sie *als* gesellschaftliche Ereignisse betrachten möchte (was er *ex hypothesi* tun muß), die Kriterien ernst nehmen muß, welche innerhalb der von ihm erforschten Lebensform zur Unterscheidung voneinander »verschiedener« und zur Identifikation der »gleichen« Arten von Handlungen angewandt werden. Es steht ihm nicht frei, willkürlich seine eigenen Standards von außen aufzuerlegen. Insoweit er das tut, verlieren die erforschten Ereignisse völlig ihren Charakter als *soziale* Ereignisse. Ein Christ würde heftig bestreiten, daß die Taufriten seines Glaubens ihrem Charakter nach wirklich dasselbe seien wie die Handlungen eines Heiden, der geweihtes Wasser verspritzt oder Opferblut fließen läßt. Pareto entfernt, indem er das Gegenteil behauptet, aus seinen Forschungsgegenständen unwissentlich genau das, was ihnen soziologisches Interesse verleiht: nämlich ihren inneren Zusammenhang mit einer Lebensform.

G. E. M. Anscombe hat in einer unveröffentlichten Schrift darauf hingewiesen, daß es gewisse Tätigkeitsbereiche gibt – sie nennt als Beispiel die Arithmetik –, die ungleich anderen, etwa der Akrobatik, nur dann von einem Beobachter verstanden werden können, wenn er selbst die Fähigkeit besitzt, die betreffenden Tätigkeiten auszuüben. Sie stellt fest, daß jede Beschreibung von Betätigungen wie der Arithmetik, wenn sie nicht auf arithmetischen (oder den jeweils entsprechenden) Fähigkeiten fußt, notwendigerweise planlos und willkürlich erscheinen muß, und auch zwanghaft in dem Sinne, daß die einzelnen Schritte nicht mehr als sinnvolle Entscheidungen auftreten. Das ist genau der Eindruck, den Paretos Darstellung der gesellschaftlichen Tätigkeitsbereiche als Residuen vermittelt; aber dieser Eindruck ist kein wohlbegründeter, er ist eine optische Täuschung, die auf einem begrifflichen Mißverständnis beruht.

Daraus kann, glaube ich, ersehen werden, daß die Voraussetzung, von welcher Paretos Verfahrensweise ausgeht, im ganzen absurd ist: daß es nämlich möglich sei, Aussagen und Theorien als »experimentelle Tatsachen« zu behandeln, die mit allen anderen solchen Tatsachen auf gleicher Stufe stehen. (Siehe 23: Abschnitt 7) Es ist dies eine Voraussetzung, die gewiß nicht ein auf Pareto beschränktes Merkmal darstellt; sie ist beispielsweise in Durkheims erster Regel der soziologischen Methode enthalten, »soziale Tatsachen wie Dinge zu betrachten«. Paretos Auffassung wie auch andere, die ihr gleichen, sind absurd, weil sie einen Widerspruch einschließen: Insofern eine Gruppe von Phänomenen »von außen«, »als experimentelle Tatsachen« betrachtet wird, kann sie nicht gleichzeitig so beschrieben werden, als stelle sie eine »Theorie« oder eine Gruppe von »Aussagen« dar. In gewissem Sinn hat Pareto seinen Empirismus nicht weit genug getrieben. Denn was sich *den Sinnen* des soziologischen Beobachters darbietet, sind gar nicht Leute, die gewisse Theorien haben und gewisse Aussagen für wahr halten, sondern Leute, die gewisse Bewegungen ausführen und Laute von sich geben. Ja es geht sogar zu weit, sie als »Leute« zu beschreiben, was die Popularität des soziologischen und sozialpsychologischen Jargonausdrucks »Organismus« erklären mag. Aber Organismen, im Gegensatz zu den Leuten, halten nicht Aussagen für wahr und hängen nicht Theorien an. Wird das von Soziologen Beobachtete mit Hilfe solcher Ausdrücke wie »Aussage« und »Theorie« beschrieben, so ist damit bereits die Entscheidung getroffen, einen mit der »äußerlichen«, »experimentellen« Betrachtungsweise unvereinbaren Beriffsapparat anzuwenden. Andererseits bedeutet eine Weigerung, das Beobachtete in solchen Termini zu beschreiben, daß es nicht als eine Sache von *sozialem* Charakter behandelt wird. Daraus folgt, daß die Erkenntnis der Gesellschaft nicht auf Beobachtung und Experiment im weithin geltenden Sinne beruhen kann.

Was ich hier sage, bedarf einer näheren Bestimmung. Ich meine natürlich nicht, daß es unmöglich sei, den Glauben einer bestimmten Person oder Gruppe von

Menschen – etwa daß die Erde flach sei – als gegeben hinzunehmen, ohne selbst sich diesem Glauben anzuschließen. Und Pareto meint nichts weiter zu tun als dies; aber tatsächlich geht er darüber hinaus. Er spricht nicht nur von bestimmten Glaubenssätzen *innerhalb* eines gegebenen geistigen Bereichs, sondern von ganzen geistigen Bereichen als solchen. Was er übersieht, ist, daß ein geistiger Bereich *verstanden* werden muß, bevor jemand von Theorien und Aussagen sprechen kann, die seiner Untersuchung sich darbietende Gegebenheiten darstellen. Er zieht in Wahrheit das grundsätzliche Problem nicht in Betracht, was es heiße, einen geistigen Bereich zu verstehen. Soweit er diesem Problem überhaupt einen Gedanken widmet, glaubt er, daß es sich dabei bloß darum handle, auf der Grundlage von Beobachtungen Verallgemeinerungen aufzustellen, eine Ansicht, die im dritten Kapitel ihre Erledigung gefunden hat.
Raummangel läßt es hier leider nicht zu, weitere Versuche zu erörtern, menschliche Ideen und menschliches Erkenntnisvermögen aus der soziologischen Darstellung des sozialen Lebens zu eliminieren, wie Pareto es tut. Aber der Leser wird es lehrreich finden, Durkheims Buch über den Selbstmord im Lichte des hier Gesagten noch einmal zu lesen. Besonders wichtig ist es, sich über den Zusammenhang klar zu sein zwischen Durkheims Schlußfolgerung einerseits – daß bewußte Überlegungen als »rein formal und ausschließlich dem Zweck dienend, einen zuvor aus dem Bewußtsein unbekannten Gründen gefaßten Entschluß zu bekräftigen,« behandelt werden können – und andererseits

seiner zu Beginn getroffenen Entscheidung, das Wort »Selbstmord« für die Zwecke seiner Untersuchung in einem anderen Sinne zu definieren als demjenigen, den dieses Wort innerhalb der untersuchten Gesellschaften besaß.

3 *Max Weber: Verstehen und kausale Erklärung*

Es war Max Weber, der über die besondere Bedeutung, welche das Wort »Verstehen« besitzt, wenn es auf gesellschaftliche Lebensformen angewandt wird, am meisten gesagt hat. Ich habe bereits erwähnt, wie er von dem Begriff eines sinnvollen Verhaltens theoretische Rechenschaft gibt, und möchte in den beiden nächsten Abschnitten etwas über seinen Begriff des soziologischen Verstehens sagen. (Siehe 33: 1. Kap.) Der erste Punkt, auf den ich mich konzentrieren möchte, ist Webers Darstellung des Verhältnisses zwischen dem Erwerb eines »deutenden Verstehens« des Sinnes eines Verhaltens und dem Erstellen einer kausalen Erklärung dessen, wodurch das betreffende Verhalten herbeigeführt worden ist, und der Konsequenzen dieses Verhaltens.

Nun gibt aber Weber nie klare Auskunft über den *logischen* Charakter des deutenden Verstehens. Über weite Strecken hin spricht er von ihm, als wäre es einfach eine psychologische Technik, als handelte es sich dabei bloß darum, sich in die Lage eines anderen zu versetzen. Das hat viele Autoren veranlaßt zu behaupten, Weber bringe eine bloße Technik der Hypothesen-

bildung mit dem logischen Charakter des empirischen Materials durcheinander, auf dem solche Hypothesen fußen. So argumentiert Popper folgendermaßen: Wenn wir auch unsere Kenntnis von unseren eigenen geistigen Prozessen dazu benutzen können, über ähnliche Prozesse bei anderen Menschen Hypothesen zu bilden, »müssen doch diese Hypothesen geprüft werden; sie müssen der Methode einer Auswahl durch Elimination unterworfen werden. (Ihre Intuition macht es manchen Menschen unmöglich, sich auch nur vorzustellen, daß jemand eine Abneigung gegen Schokolade haben könnte.)« (26: Abschnitt 29)
So treffend aber solche Kritik auf diejenigen anwendbar sein mag, die Weber vulgarisieren, kann sie gerechterweise doch nicht gegen seine eigenen Ansichten geltend gemacht werden, denn er legt großen Nachdruck darauf, daß bloße »Intuition« nicht genügt und durch sorgfältige Beobachtung geprüft werden muß. Was aber meines Erachtens gegen Weber vorgebracht werden kann, ist, daß er von dem Prozeß der Überprüfung der Gültigkeit vorgeschlagener soziologischer Deutungen eine falsche Darstellung gibt. Die an Weber vorzunehmende Korrektur bringt uns jedoch dem, was Popper, Ginsberg und viele ähnliche Denkende an die Stelle der Weberschen Auffassung setzen möchten, nicht näher, sie entfernt uns eher davon. Weber sagt:

Jede Deutung strebt zwar nach Evidenz. Aber eine sinnhaft noch so evidente Deutung kann als solche und um dieses Evidenzcharakters willen noch nicht beanspruchen: auch die kausal *gültige* Deutung zu sein. Sie ist stets an sich nur eine besonders evidente kausale *Hypothese*. (33: S. 7)

Weiter führt er aus, die angemessene Weise, eine solche Hypothese zu verifizieren, sei die Aufstellung statistischer Gesetze, die auf der Beobachtung von Ereignissen fußen. Auf diese Weise gelangt er zu der Auffassung der soziologischen Regeln als »statistischer Regelmäßigkeiten, welche einem verständlichen gemeinten Sinn eines sozialen Handelns entsprechen«.

Weber ist gewiß im Recht, wenn er hervorhebt, daß die sich unmittelbar aufdrängende Deutung nicht die richtige zu sein braucht. R. S. Lynds Interpretation der westindischen Form der Magie als eines »Systems für wahr und zuverlässig gehaltener kausaler Abfolgen« fällt hierunter (15: S. 121); und es gibt eine Fülle ähnlicher Beispiele in Frazers *The Golden Bough*. Aber ich möchte Webers implizite Annahme in Zweifel ziehen, daß Verstehen etwas logisch Unvollständiges sei und der Ergänzung durch eine ganz andere Methode bedürfe, nämlich durch eine statistische Anhäufung. Demgegenüber möchte ich darauf beharren, daß die Statistik, wenn eine angebotene Deutung falsch ist, zwar darauf hinweisen kann, daß es so ist, aber nicht in der von Weber angenommenen Weise die entscheidende und oberste Instanz ist, an die hinsichtlich der Gültigkeit soziologischer Deutungen appelliert werden muß. Erforderlich ist demnach eine bessere Deutung, nicht etwas der Gattung nach davon Verschiedenes. Die Vereinbarkeit einer Deutung mit der Statistik beweist nicht ihre Gültigkeit. Wer die magischen Riten eines Stammes als eine Form fehlgeleiteter wissenschaftlicher Praxis interpretiert, wird durch eine Statistik über das gewöhnliche Verhalten der Angehörigen dieses

Stammes bei Gelegenheiten verschiedener Art nicht korrigert werden (wenn dies auch einen Teil der Argumentation ausmachen kann); letztlich ist eine *philosophische* Argumentation erforderlich wie etwa diejenige Collingwoods in *The Principles of Art* (6: Buch 1, 4. Kap.). Denn eine irrige Deutung eines sozialen Tätigkeitsbereichs ist dem Typus von Fehlern, mit welchem die Philosophie es zu tun hat, nahe verwandt.

Wittgenstein sagt irgendwo, wenn wir hinsichtlich des Gebrauchs bestimmter Begriffe unserer Sprache in philosophische Schwierigkeiten gerieten, seien wir wie Wilde, denen etwas einer fremden Kultur Angehöriges entgegentritt. Ich mache hier nur eine speziellere Ausführung dieses Gedankens geltend: daß Soziologen, die eine fremde Kultur fehldeuten, Philosophen gleichen, die hinsichtlich des Gebrauchs ihrer eigenen Begriffe in Schwierigkeiten geraten. Freilich wird es dabei Unterschiede geben. Die Schwierigkeit des Philosophen bezieht sich gewöhnlich auf etwas, womit er völlig vertraut ist, das er aber im Augenblick in seiner richtigen Perspektive zu sehen verfehlt. Die Schwierigkeit des Soziologen wird sich oft auf etwas beziehen, womit er keineswegs vertraut ist; es mag sein, daß er über eine geeignete Perspektive gar nicht verfügt. Dadurch kann seine Aufgabe sich manchmal schwieriger gestalten als die des Philosophen, und manchmal kann sie dadurch auch einfacher sein. Aber die Analogie zwischen den Problemen beider sollte klar sein.

Einige der Verfahrensweisen Wittgensteins in seinen philosophischen Erläuterungen bekräftigen dies. Er neigt dazu, unsere Aufmerksamkeit dadurch auf gewisse Züge unserer eigenen Begriffe zu lenken, daß er sie mit denjenigen einer imaginären Gesellschaft vergleicht, in welcher unsere eigenen vertrauten Denkweisen geringfügig verzerrt sind. So fordert er uns etwa auf anzunehmen, daß in einer solchen Gesellschaft in der folgenden Weise Holz verkauft wird: Man »stapelte das Holz in Haufen von beliebiger, wechselnder Höhe auf und verkaufte es dann zu einem Preis, der sich nach der Größe der von den Holzstößen bedeckten Flächen richtete. Und wenn dies nun gar gerechtfertigt würde mit den Worten: ›Wenn sie mehr Holz kaufen, müssen sie natürlich auch mehr bezahlen‹?« (38: I. Kap., S. 142–151) Die für uns wichtige Frage ist hier: unter welchen Umständen könnte man sagen, man habe diese Verhaltensweise *verstanden*? Wie ich schon sagte, äußert Weber sich oft so, als bestünde die letztgültige Probe in unserer Fähigkeit, statistische Gesetze zu formulieren, die uns instand setzen, mit einiger Genauigkeit *vorauszusagen*, was die Menschen unter jeweils gegebenen Umständen wahrscheinlich tun würden. Sein Versuch, eine »soziale Rolle« mit Hilfe der Chance zu definieren, daß Handlungen einer bestimmten Art unter gegebenen Umständen ausgeführt werden, liegt auf derselben Linie. Aber was Wittgensteins Beispiel betrifft, so könnten wir recht wohl imstande sein, auf diese Weise Voraussagen von großer Genauigkeit zu machen, und könnten dennoch nicht beanspruchen, ein wirkliches Verständnis dessen zu besitzen, was jene Leute tun. Dieser Unterschied ist genau analog dem Unterschied zwischen der Fähigkeit, statistische Gesetze über das wahrscheinliche Vorkommen bestimmter Wörter in einer Sprache zu formulieren, und der Fähigkeit, zu verstehen, was jemand *sagt,* der in dieser Sprache redet. Die letztere Fähigkeit kann nie auf die erstere reduziert werden; ein Mann, der Chinesisch versteht, ist nicht ein Mann, der eine sichere Kenntnis der statistischen Wahrscheinlichkeit besitzt, mit welcher die verschiedenen Wörter in der chinesischen Sprache vorkommen. Er könnte diese Kenntnis sogar besitzen, ohne zu wissen, daß er es überhaupt mit einer Sprache zu tun hat; und ohnehin ist das Wissen, daß er es mit einer Sprache zu tun hat, nicht etwas, das statistisch formuliert werden könnte. »Verstehen« heißt in solchen Situationen, bei dem, was gesagt oder getan wird, den Sinn oder das, worauf es ankommt, begreifen. Dies ist ein von der Welt der Statistik und der Kausalgesetze weit entfernter Begriff: näher ist er dem Bereich geistigen, diskursiven Austauschs und den inneren Beziehungen, welche die Teile eines solchen Bereichs verbinden. Der Begriff des Sinnes sollte von dem der *Funktion* im quasi-kausalen Sinn sorgfältig unterschieden werden; der Gebrauch des letzteren in der Sozialanthropologie und Soziologie soll hier nicht weiter untersucht werden.

4 Max Weber: sinnhaftes Handeln und soziales Handeln

Am besten kann ich die Implikationen des oben Gesagten erläutern, indem ich einen anderen Aspekt der Weberschen Auffassung erörtere: seine Unterscheidung zwischen einem Verhalten, das nur sinnhaft ist, und einem Verhalten, das sowohl sinnhaft als auch sozial ist. Es ist nun offenkundig, daß jede solche Unterscheidung mit der Argumentation des zweiten Kapitels dieses Buches unvereinbar ist; jedes sinnhafte Verhalten muß sozial sein, weil es nur als von Regeln geleitetes sinnhaft sein kann, und Regeln setzen einen sozialen Kontext voraus. Weber erkennt deutlich die Wichtigkeit dieses Problems für die Soziologie, wenn er auch schließlich auf derjenigen Seite anlangt, die ich als die falsche ansehen muß. Interessant ist, daß er dabei zugleich in einer Weise über gesellschaftliche Situationen schreibt, die mit dem, was er über das Verstehen sagt, ganz unvereinbar ist; genau das war insofern zu erwarten, als Verstehen Sinn impliziert, Sinn aber meiner Argumentation zufolge gesellschaftlich etablierte Regeln impliziert. Ich denke hier an die wichtige Schrift *R. Stammlers »Überwindung« der materialistischen Geschichtsauffassung* (34), in der er die folgenden beiden Aussagen miteinander verbindet: erstens, daß keine *logische* Schwierigkeit darin liege, sich vorzustellen, daß ein Mensch imstande sein könnte, völlig unabhängig von jeglichem gesellschaftlichen Zusammenhang Verhaltensregeln zu befolgen; zweitens, daß kein *logischer* Unterschied bestehe zwischen der Technik eines zweckbestimmten Manipulierens natürlicher Objekte (etwa Maschinen) und derjenigen des »Manipulierens« menschlicher Wesen, wie es nach Webers Ansicht der Fabrikbesitzer gegenüber den in seiner Fabrik Beschäftigten vollzieht. Er sagt, es mache »logisch« nicht den geringsten Unterschied aus, daß in dem einen Falle Bewußtseinsvorgänge in die Kausalkette eingehen und in dem anderen Falle nicht, womit er den Fehler begeht zu unterstellen, Bewußtseinsvorgänge unterschieden sich nur zufälligerweise empirisch von Vorgängen anderer Art. Er ist sich nicht darüber klar, daß der Begriff eines »Vorganges« hier in einem anderen Sinn gebraucht wird, insofern er hier einen Kontext von Menschen befolgter Regeln impliziert, der nicht in dieser Weise mit einem Zusammenhang von Kausalgesetzen kombiniert werden kann, ohne daß dadurch logische Schwierigkeiten entstünden. Darum scheitert Webers Versuch, schlüssig zu zeigen, daß diejenige Art von »Gesetzen«, die der Soziologe formulieren kann, um von menschlichem Verhalten theoretisch Rechenschaft zu geben, sich *logisch* von einem Gesetz in der Naturwissenschaft nicht unterscheide.

Bei dem Versuch, die von ihm als Beispiel gewählte Situation in einer seine Auffassung stützenden Weise zu beschreiben, unterläßt es Weber, diejenigen Begriffe zu gebrauchen, die einem deutenden Verstehen der Situation angemessen wären. Statt davon zu sprechen, daß die Arbeiter in der betreffenden Fabrik entlohnt werden und Geld ausgeben, sagt er, es würden ihnen Metallstücke ausgehändigt, sie händigten diese Metallstücke anderen Leuten aus und erhielten andere Objekte von ihnen; er spricht nicht von Polizisten, die das Eigentum der Arbeiter schützen, sondern von »Leuten mit Helmen«, die den Arbeitern die Metallstücke zurückgeben, die ihnen von anderen Leuten weggenommen worden sind usw. Kurz, er bedient sich der äußerlichen Betrachtungsweise und vergißt, dem »subjektiv gemeinten Sinn« des in Rede stehenden Verhaltens Rechnung zu tragen, und dies, so möchte ich sagen, ist ein natürliches Ergebnis seines Versuches, die *sozialen Beziehungen,* in welchen jene Arbeiter stehen, von den in ihren Handlungen verkörperten *Ideen* zu trennen, Ideen wie »Geld«, »Eigentum«, »Polizei«, »kaufen und verkaufen« usw. Ihre Beziehungen zueinander existieren nur durch diese Ideen; und ähnlich existieren auch diese Ideen nur in ihren Beziehungen zueinander.

Ich leugne nicht, daß es manchmal von Nutzen sein kann, sich solcher Hilfsmittel wie der von Weber angewandten Veräußerlichung seiner Beschreibung jener Situation zu bedienen. Es kann dazu verhelfen, die Aufmerksamkeit des Lesers auf Aspekte der Situation zu lenken, die so naheliegend und vertraut sind, daß sie ihm andernfalls entgehen würden; in diesem Falle ist jene Veräußerlichung Wittgensteins Gebrauch imaginärer, fremdartiger Beispiele vergleichbar, von welchen schon die Rede war. Weiterhin kann sie mit dem Verfremdungseffekt verglichen werden, den Bertolt Brecht in seinen Theaterstücken anstrebte, oder mit Caradog Evans' Gebrauch seltsam wörtlicher Übersetzungen aus dem Walisischen in seinen finster satirischen, in West Wales spielenden Geschichten. All diese Hilfsmittel haben die Wirkung, den Leser oder Zuschauer aus der selbstgefälligen Kurzsichtigkeit aufzuschrekken, die durch allzugroße Vertrautheit mit einer Sache herbeigeführt werden kann. Die Gefahr liegt darin, daß derjenige, der sich solcher Methoden bedient, dazu gelangen kann zu meinen, *seine* Betrachtungsweise sei realer als die gewöhnliche. Man mag den Verdacht hegen, daß Brecht manchmal diese gottähnliche Haltung eingenommen haben könnte (was mit seinem Marxismus gut vereinbar wäre); sie liegt jedenfalls bei Paretos Behandlung der »Residuen« vor; und obgleich sie im ganzen für Weber nicht charakteristisch ist, folgt sie auf sehr natürliche Weise aus seiner methodologischen Darstellung des Verhältnisses zwischen sozialen Beziehungen und menschlichen Ideen und aus jedem Versuch, soziologische Theorien mit denjenigen der Naturwissenschaft zu vergleichen. Der einzige legitime Sinn eines solchen Verfremdungseffekts ist es, die Aufmerksamkeit auf das Vertraute und Offenkundige zu lenken, nicht aber darzutun, daß dieses für unser Verständnis der Sache entbehrlich sei.

Darüber hinaus wird es durch eine Berichtigung dieses Fehlers bei Weber viel leichter, seinen Begriff des Verstehens gegen eine hartnäckig wiederholte Kritik zu verteidigen. Morris Ginsberg zum Beispiel schreibt:

> Es scheint eine grundlegende Annahme der verstehenden Soziologie und verstehenden Psychologie zu sein, daß dasjenige, was wir als innerhalb unseres Bewußtseins vorkommend kennen, irgendwie erkennbarer sei als das in der Außenwelt Beobachtete. Aber das heißt das Bekannte mit dem Erkennbaren verwechseln. Es gibt keinen inneren Sinn, der durch unmittelbare Intuition Zusammenhänge zwischen Bewußtseinstatsachen entdeckte. Solche Zusammenhänge sind in Wahrheit empirische Generalisierungen, deren Gültigkeit nicht größer ist als ähnliche, auf äußere Tatsachen sich beziehende Generalisierungen. (11: S. 155)

An dieser Stelle muß sehr nachdrücklich gesagt werden, daß die These, die Erkenntnis der Gesellschaft sei von der Naturerkenntnis logisch verschieden, nicht auf der Hypothese eines »inneren Sinnes« beruht (ein Begriff, den Peter Geach einschneidend kritisiert hat; 10: Abschnitt 24). Vielmehr folgt aus meiner Argumentation im zweiten Kapitel, daß die Begriffe, mittels derer wir unsere *eigenen* geistigen Prozesse und Verhaltensweisen verstehen, erlernt werden und *gesellschaftlich* etabliert sein müssen, ganz wie die Begriffe, mittels derer wir das Verhalten anderer Menschen verstehen. Darum ist Ginsbergs Bemerkung, daß der Widerwille, den ein einem Tabu unterworfener Mensch gewissen Speisen gegenüber empfindet, niemandem unmittelbar verständlich sei, der in einer anderen Tradition aufgewachsen ist, weit entfernt davon, eine gültige Kritik des Verstehensbegriffs zu sein, wenn er so verstanden wird, wie ich es darzulegen versucht habe; vielmehr folgt das von Ginsberg Gesagte unmittelbar aus jener Auffassung. Was die Ansicht betrifft, daß die Verknüpfungen, die in unseren Begriffen von menschlichem Verhalten zum Ausdruck kommen, bloß Ergebnisse empirischer Verallgemeinerungen seien, so habe ich mich im dritten Kapitel bereits darüber geäußert.

V Begriffe und Handlungen

1 Die Innerlichkeit sozialer Beziehungen

Um zu verdeutlichen, was gemeint ist, wenn ich sage, daß die sozialen Beziehungen zwischen Menschen und den in den Handlungen der Menschen verkörperten Ideen in Wahrheit dieselbe Sache seien, nur unter verschiedenen Gesichtspunkten betrachtet, möchte ich nunmehr untersuchen, was, allgemein gesehen, geschieht, wenn die in einer Gesellschaft geläufigen Ideen sich wandeln: wenn neue Ideen in die Sprache eindringen und alte aus ihr verschwinden. Wenn ich von »neuen Ideen« spreche, muß ich eine Unterscheidung treffen. Man denke an einen Biochemiker, der aufgrund bestimmter Beobachtungen und Experimente eine neue Mikrobe entdeckt, die für eine bestimmte Krankheit verantwortlich ist. In gewissem Sinne könnten wir sagen, der Name, den er dieser neuen Mikrobe gibt, drücke eine neue Idee aus, aber ich ziehe es in diesem Zusammenhang vor zu sagen, daß er innerhalb des bestehenden gedanklichen Rahmens eine neue Entdekkung gemacht habe. Ich unterstelle dabei, daß die bakteriologische Theorie der Krankheiten in der von ihm gesprochenen Wissenschaftssprache bereits fest etabliert ist. Man vergleiche nun mit jener Entdeckung die Auswirkungen der ersten Formulierung dieser Theorie, die erste Einführung des Begriffs der Mikrobe in die Sprache der Medizin. Dies war eine viel einschneidendere Neuerung, die nicht nur eine neue faktische Entdeckung innerhalb einer bereits bestehenden Betrachtungsweise bedeutete, sondern eine völlig neue Betrachtungsweise gegenüber dem Problem der Krankheitsursachen, das Aufkommen neuer diagnostischer Techniken und neuartiger auf Krankheiten sich beziehender Fragen usw. Kurz, diese Entdeckung bedeutete, daß unter Menschen, die in der einen oder anderen Weise an der medizinischen Praxis teilhatten, neuartige Verhaltensweisen aufkamen. Eine Darstellung dessen, wie die sozialen Beziehungen des Arztberufes durch diesen neuen Begriff verändert wurden, würde eine Entfaltung des Inhalts dieses Begriffs einschließen. Umgekehrt ist dieser Begriff unter Absehung von seiner Beziehung zur medizinischen Praxis unverständlich. Ein Arzt, der (1) die bakteriologische Theorie der Krankheit zu akzeptieren beanspruchte, (2) eine Verringerung der Krankheitsfälle anzustreben beanspruchte und (3) die Notwendigkeit einer Isolierung von Patienten, die von ansteckenden Krankheiten befallen sind, völlig ignorierte, verhielte sich widerspruchsvoll und unverständlich.

Oder man stelle sich eine Gesellschaft vor, die keinen Begriff von Eigennamen hat, wie wir sie kennen. Nehmen wir an, die Leute würden mit allgemeinen beschreibenden Ausdrücken oder mit Zahlen bezeichnet. Das würde auch eine große Anzahl weiterer Unterschiede gegenüber unserem eigenen gesellschaftlichen Leben mit sich bringen. Die ganze Struktur der persönlichen Beziehungen würde davon berührt. Wir brauchen nur an die Bedeutung der Nummern im Gefängnis oder beim Militär zu denken. Stellen wir uns vor, wie es wäre, sich in ein Mädchen zu verlieben, das nicht unter einem Namen, sondern unter einer Nummer bekannt ist, und welcher Art die Auswirkungen etwa auf die Liebeslyrik wären. Die Entwicklung des Gebrauchs von Eigennamen würde in einer solchen Gesellschaft gewiß als Einführung einer neuen Idee angesehen werden, nicht aber die Einführung eines neuen *einzelnen* Eigennamens, wenn der Rahmen schon gegeben ist.

Anhand dieser Beispiele habe ich zeigen wollen, daß eine neue Redeweise, die wichtig genug ist, um als eine neue Idee zu gelten, ein neues Arrangement sozialer Beziehungen impliziert. Ähnlich verhält es sich mit dem Aussterben einer Redeweise. Als Beispiel mag der Begriff der Freundschaft dienen: In Penelope Halls Buch *The Social Services of Modern England* lesen wir, eine Sozialfürsorgerin sei verpflichtet, zu ihren Klienten eine Freundschaftsbeziehung herzustellen, dürfe jedoch nie vergessen, daß sie in erster Linie gegenüber der Politik der Institution, bei der sie angestellt ist, eine Verpflichtung trage. Das ist nun aber eine Herabwürdigung des Begriffs der Freundschaft, wie er bisher verstanden worden ist und der diese Art geteilter Loyalität, um nicht zu sagen Doppelzüngigkeit, ausschloß. In demselben Maße, in dem dieser ältere Begriff jenem neueren weicht, verarmen die sozialen Beziehungen (oder, falls jemand gegen eine solche Einschaltung moralischer Auffassungen Einwände erheben sollte, sie *wandeln* sich). Es würde aber auch nicht ausreichen zu sagen, der bloße Wandel einer Wortbedeutung brauche die Menschen nicht daran zu hindern, zueinander diejenigen Beziehungen zu unterhalten, die sie unterhalten wollen; denn dabei würde die Tatsache übersehen, daß unsere Sprache und unsere sozialen Beziehungen nur zwei Seiten derselben Medaille sind. Die Bedeutung eines Wortes darlegen heißt beschreiben, wie es gebraucht wird, und das wiederum heißt die sozialen Wechselbeziehungen beschreiben, in die es eingeht.

Existieren soziale Beziehungen zwischen Menschen nur in ihren Ideen und durch diese, so müssen sie eine Abart innerer Beziehungen sein, da die Beziehungen zwischen Ideen dies auch sind. Damit gerate ich in Gegensatz zu einem weithin anerkannten Prinzip Humes: »Wenn wir die Objekte für sich genommen betrachten und niemals über die Ideen hinausblicken, die wir uns von ihnen bilden, gibt es keine Objekte, welche die Existenz irgendwelcher anderen implizieren.« Zweifellos sollte dies nach Humes Absicht auf menschliche Handlungen und das soziale Leben ebenso Anwendung finden wie auf Naturphänomene. Fürs erste trifft aber Humes Prinzip nicht einmal auf unser Wissen über Naturphänomene uneingeschränkt zu. Wenn ich ein Geräusch höre und es als einen Donnerschlag erkenne, lege ich mich bereits darauf fest zu glauben, daß noch eine Reihe anderer Ereignisse sich zutragen – beispielsweise elektrische Entladungen in der Atmosphäre – schon allein dadurch, daß ich das Gehörte »Donner« nenne. Das heißt aber, daß ich aus der Idee, die ich mir von dem, was ich hörte, gebildet habe, sehr wohl auf »die Existenz anderer Objekte« schließen kann. Falls ich späterhin feststellte, daß zu dem Zeitpunkt, zu welchem ich das Geräusch hörte, in der näheren Umgebung keine elektrischen Entladungen in der Atmosphäre stattgefunden haben, müßte ich die Behauptung, das Gehörte sei Donner gewesen, zurücknehmen. Das Wort »Donner« ist, um einen Ausdruck Gilbert Ryles zu gebrauchen, mit Theorie imprägniert; Aussagen, die behaupten, daß ein Donnerschlag stattgefunden habe, stehen in logischem Zusammenhang mit Aussagen, die das Eintreten anderer Ereignisse behaupten. Damit soll natürlich nicht wieder irgendein mysteriöser Kausalnexus in den Dingen geltend gemacht werden, den Hume mit Recht bestreiten könnte. Es soll damit nur Humes mangelnde Berücksichtigung der Tatsache hervorgehoben werden, daß »die Idee, die wir uns von einem Objekt bilden«, nicht nur aus Elementen besteht, die der Beobachtung dieses Objekts in völliger Isolierung entnommen sind, sondern die Idee eines Zusammenhangs zwischen ihm und anderen Objekten einschließt. (Und man könnte sich kaum eine Sprache vorstellen, in der das nicht der Fall wäre.)

Betrachten wir nun einen sehr einfachen paradigmatischen Fall einer Beziehung zwischen Handlungen in der menschlichen Gesellschaft: die Beziehung zwischen einem Befehl und dem Befolgen dieses Befehls. Ein Sergeant ruft »Augen rechts«, und seine Leute wenden alle die Augen nach rechts. Indem man nun das Handeln jener Männer als Gehorsam gegenüber einem Befehl beschreibt, legt man sich natürlich darauf fest zu sagen, daß ein Befehl erteilt worden sei. Insoweit erscheint die Situation der Beziehungen zwischen Donner und elektrischen Entladungen genau parallel. Aber hier müssen wir eine Unterscheidung treffen. Der Charakter eines Ereignisses als Akt des Gehorsams ist ihm in einer Weise *innerlich*, die von dem Charakter eines Ereignisses als Donnerschlag nicht gilt; und das trifft für menschliche Handlungen im Vergleich mit Naturereignissen allgemein zu. Im letzteren Fall haben die Ereignisse eine von den auf sie angewandten Begriffen unabhängige Existenz, wenn auch die Menschen nur in denjenigen Begriffen, die sie von diesen Ereignissen haben, an sie denken können. Es gab atmosphärische elektrische Entladungen und Donner lange bevor es Menschen gab, die sich Begriffe von ihnen bilden oder sich einer zwischen ihnen bestehenden Beziehung vergewissern konnten. Aber es ergibt keinen Sinn anzunehmen, daß menschliche Wesen bereits Befehle erteilt und befolgt hätten, bevor sie die Begriffe des Befehls und Gehorsams entwickelt hatten. Denn das Ausführen solcher Handlungen ist selbst die wesentlichste Manifestation der Verfügung über diese Begriffe. Ein Akt des Gehorsams enthält selber als wesentliches Element die Anerkennung des Vorausgegangenen als eines Befehls. Aber es wäre natürlich sinnlos anzunehmen, daß ein Donnerschlag irgendein Anerkennen des Vorausgegangenen als einer elektrischen Entladung einschlösse; es ist vielmehr unser Erkennen des Geräusches, nicht das Geräusch selbst, was ein Erkennen des Vorausgegangenen einschließt.

Der Widerwille, den man gegen die Vorstellung empfindet, daß durch Handlungen vermittelte Beziehungen zwischen Menschen von derselben Art sein könnten wie Beziehungen zwischen Urteilen, ist wahrscheinlich zum Teil auf eine unzureichende Auffassung der logischen Beziehungen zwischen den Urteilsaussagen selbst zurückzuführen. Man neigt leicht dazu zu glauben, die Gesetze der Logik bildeten eine *gegebene* strenge Struktur, welcher die Menschen mit geringerem oder größerem (aber niemals vollständigem) Erfolg in ihrem sprachlichen und gesellschaftlichen Verkehr zu entsprechen suchten. Man stellt sich logische Urteile als etwas Ätherisches vor und glaubt, daß sie gerade wegen ihrer ätherischen, nichtphysischen Natur enger zusammenhängen könnten, als man es sich im Falle von etwas so grob Materiellem wie Menschen aus Fleisch und Blut und ihren Handlungen vorzustellen vermag. In gewissem Sinne ist das richtig, denn wenn man in formal systematischer Weise logische Beziehungen behandelt, denkt man auf sehr hohem Abstraktionsniveau, auf welchem alle Anomalien, Unvollkommenheiten und Kruditäten entfernt sind, die den wirklichen zwischenmenschlichen Verkehr in der Gesellschaft charakterisieren. Aber wie jede Abstraktion, die nicht als solche erkannt wird, kann uns das irreführen. Es kann uns veranlassen zu vergessen, daß diese formalen Systeme ihr Leben in dem Maße, in dem sie es besitzen, nur ihrer Verwurzelung in diesem wirklichen Verkehr zwischen Menschen aus Fleisch und Blut verdanken; denn die Idee einer logischen Beziehung ist überhaupt nur möglich aufgrund jener Art von Übereinkunft zwischen Menschen, die Wittgenstein in den *Philosophischen Untersuchungen* behandelt. Collingwoods Bemerkung über die formale Grammatik ist hier einschlägig: »Ich habe den Grammatiker mit einem Metzger verglichen; aber dann ist er ein Metzger von besonderer Art. Reisende berichten, daß gewisse afrikanische Stämme häufig aus einem lebenden Tier ein Steak herausschneiden und eine Mahlzeit daraus kochen, ohne daß das Tier deswegen viel schlechter dran ist. Das kann zur Ergänzung des ursprünglich von mir angestellten Vergleichs dienen.« (7: S. 259) Daß soziale Beziehungen logischen Beziehungen zwischen Aussagen gleichen sollen, erscheint weniger sonderbar, wenn man erst einmal sieht, daß die ersteren von den letzteren abhängen.

Was ich hier sage, steht natürlich in einem Gegensatz zu Karl Poppers »Postulat des methodologischen Individualismus« und scheint eine von ihm »methodologischer Essentialismus« genannte Sünde darzustellen. Popper behauptet, die Theorien der Sozialwissenschaften bezögen sich auf theoretische Konstruktionen oder Modelle, die von dem Forscher formuliert werden, um gewisse Erfahrungen zu erklären, eine Methode, die er ausdrücklich mit der Konstruktion theoretischer Modelle in den Naturwissenschaften vergleicht.

Dieser Gebrauch von Modellen erklärt und zerstört zugleich die Ansprüche des methodologischen Essentialismus ... Er erklärt sie, denn das Modell ist abstrakten, theoretischen Charakters, und wir sind verführt zu glauben, daß wir es entweder in oder hinter den sich wandelnden beobachtbaren Ereignissen wie eine Art von sichtbarem Gespenst oder Wesen sähen. Und dieser Gebrauch von Modellen zerstört auch diese Ansprüche, denn unsere Aufgabe

ist es, unsere soziologischen Modelle sorgfältig mit Hilfe deskriptiver oder nominalistischer Termini zu beschreiben, d. h. mit Hilfe von Termini, *die sich auf Individuen beziehen*, deren Haltungen, Erwartungen, Beziehungen usw. – ein Postulat, das ›methodologischer Individualismus‹ genannt werden kann.
(26: Abschnitt 29)

Poppers Feststellung, daß gesellschaftliche Institutionen nur der Erklärung dienende Modelle seien, welche der Sozialwissenschaftler um seiner eigenen Zwecksetzungen willen einführe, ist augenscheinlich unzutreffend. Die in den Institutionen verkörperten Denkweisen beherrschen das wirkliche Verhalten der Angehörigen der vom Sozialwissenschaftler untersuchten Gesellschaften. Die Idee des Krieges, ein Beispiel, das Popper anführt, ist nicht einfach eine Erfindung, die zum Zwecke der *Erklärung* dessen gemacht wurde, was im Falle eines bewaffneten Konflikts zwischen verschiedenen Gesellschaften geschieht. Es ist eine Idee, welche die Kriterien für ein angemessenes Verhalten der Angehörigen der in Konflikt geratenen Gesellschaften liefert. Weil mein Land in einen Krieg verwickelt ist, gibt es gewisse Dinge, die ich tun muß, und andere, die ich nicht tun darf. Mein Verhalten wird sozusagen beherrscht von dem Begriff, den ich von mir selbst als Angehörigem eines kriegführenden Landes habe. Der Begriff des Krieges macht ein *wesentliches* Element meines Verhaltens aus. Aber der Begriff der Gravitation macht nicht in derselben Weise ein wesentliches Element des Verhaltens eines fallenden Apfels aus. Diese Erkenntnis hat trotz Popper nichts mit einem Glauben an hinter den Phänomenen steckende

Gespenster zu tun. Weiterhin ist es unmöglich, im näheren Bestimmen der Haltungen, Erwartungen und Beziehungen der Individuen sehr weit zu gelangen, ohne auf die Begriffe Bezug zu nehmen, die in diese Haltungen etc. eingehen und deren Bedeutung gewiß nicht aus den Handlungen eines einzelnen Individuums erklärt werden kann. (Vgl. Maurice Mandelbaum: 17)

2 *Diskursive und nichtdiskursive »Ideen«*

Im Verlaufe dieser Argumentation habe ich eine Verknüpfung hergestellt zwischen der These, daß soziale Beziehungen innere Beziehungen sind, und der These, daß zwischenmenschliche Wechselwirkungen »Ideen verkörpern«, wobei ich die Auffassung vertrat, daß gesellschaftliche Wechselwirkungen eher dem Austausch von Ideen in einem Gespräch vergleichbar seien als der Wechselwirkung von Kräften in einem physikalischen System. Es könnte so aussehen, als geriete ich dadurch in Gefahr, das soziale Leben zu sehr zu intellektualisieren, um so mehr als alle bisher behandelten Beispiele sich auf Verhaltensweisen bezogen, die *diskursive* Ideen ausdrücken, d. h. Ideen, für die es auch direkte sprachliche Ausdrücke gibt. Daß es möglich ist, auch vom nichtsprachlichen Verhalten der Menschen zu sagen, es drücke diskursive Ideen aus, liegt daran, daß der Gebrauch der Sprache so innig, so untrennbar mit dem übrigen, nichtsprachlichen menschlichen Handeln verflochten ist. Von den in anderem Zusammenhang bereits angeführten Beispielen hierfür abgesehen, braucht man sich nur daran zu erinnern, in welch gewaltigem Ausmaß das Erlernen einer charakteristischen menschlichen Tätigkeit normalerweise mit Sprechen verbunden ist: im Zusammenhang etwa mit der Erörterung verschiedener Weisen, etwas zu tun, der Einprägung von Standards guter Arbeit, des Geltendmachens von Gründen etc. Es gibt aber keinen scharfen Bruch zwischen einem Verhalten, das diskursive Ideen ausdrückt, und sonstigem Verhalten; und dasjenige Verhalten, bei dem dies nicht der Fall ist, ist dem diskursive Ideen ausdrückenden Verhalten hinreichend ähnlich, um eine Analogiebildung zwischen beiden als notwendig erscheinen zu lassen. Darum ist selbst dort, wo es unnatürlich wäre, von einer gegebenen Art sozialer Beziehungen zu sagen, sie drücke Ideen diskursiver Art aus, die betreffende Beziehung jener allgemeinen Kategorie immer noch näher als derjenigen der Wechselwirkung physischer Kräfte.

Collingwood liefert eine bestechende Illustration hierfür in seiner Erörterung der Analogie zwischen Sprache und Kleidung. (7: S. 244) Oder man betrachte die folgende Szene aus dem Film *Shane*. Ein einsamer Reiter erreicht den Einödhof eines kleinen Farmers in der amerikanischen Prärie, der unter den Verheerungen durch die aufsteigende Klasse der großen Rinderzüchter zu leiden hat. Obgleich sie kaum ein Wort wechseln, bildet sich zwischen dem Fremden und dem Einödfarmer ein Band der Sympathie. Der Fremde beteiligt sich schweigend an dem mühsamen Entwurzeln eines Baumstumpfs; während einer Atempause treffen sich zufällig ihre Blicke, und schon lächeln sie einander zu. Nun wäre jede explizite Darlegung, die man von dem zwischen den beiden entstandenen, in jenem Blick sich ausdrückenden Verständnis geben wollte, zweifellos sehr kompliziert und unzureichend. Wir verstehen es aber, wie wir auch den Sinn einer bedeutungsvollen Pause verstehen (man erwäge, wodurch sie *bedeutungsvoll* wird) oder die Bedeutung einer Geste, welche eine sprachliche Äußerung zum Abschluß bringt. »Es wird berichtet, daß Buddha einmal auf dem Höhepunkt einer philosophischen Diskussion ... eine Blume ergriff und sie betrachtete; einer seiner Schüler lächelte und der Meister sagte zu ihm: ›Du hast mich verstanden.‹« (7: S. 243) Worauf es mir ankommt, ist, daß ebenso, wie in einem Gespräch der Gehalt einer Bemerkung (oder einer Pause) von deren innerer Beziehung zu dem Vorausgegangenen abhängt, in jener Filmszene das Austauschen der Blicke seine volle Bedeutung durch seine innere Beziehung zu der betreffenden Situation erlangt: die Einsamkeit, die drohende Gefahr, das gemeinsame Leben unter schwierigen Umständen, die erfolgreiche körperliche Anstrengung usw. Man mag denken, daß für gewisse, für die Soziologie und Geschichtsschreibung besonders wichtige Arten sozialer Beziehungen die obigen Überlegungen nicht zutreffen, zum Beispiel für solche Kriege, deren Streitgegenstand nicht einmal in so entfernter Weise, wie man es etwa von den Kreuzzügen noch sagen kann, geistiger Natur ist, sondern die ein reiner Kampf ums physische Überleben sind, wie etwa ein Krieg zwischen hungernden Wandervölkern und den Besitzern des Landes, in das sie eindringen.[1] Aber selbst hier, wo es sich in gewissem Sinne um etwas bloß Materielles handelt, wird die Gestalt, welche dieser Kampf annimmt, mit inneren Beziehungen in einem Sinne verbunden sein, der etwa bei einem Kampf zweier wilder Tiere um ein Stück Fleisch nicht vorkommt. Denn die Kriegführenden sind *Gesellschaften,* in welchen außer dem Essen, dem Suchen einer Unterkunft und der Fortpflanzung noch vieles andere vor sich geht; in welchen sich das Leben im Rahmen symbolischer Ideen abspielt, die jeweils eine bestimmte Haltung von Mensch zu Mensch ausdrükken. Diese symbolischen Beziehungen werden nebenbei auch den Charakter selbst jener »biologischen« Tätigkeiten beeinflussen: wenn man in Malinowskis neomarxistischer Terminologie von ihnen sagt, sie erfüllten die »Funktion«, die grundlegenden biologischen Bedürfnisse zu befriedigen, so ist das hinsichtlich der besonderen Gestalt, welche diese Tätigkeiten in einer gegebenen Gesellschaft annehmen können, nicht sehr erhellend. Nun werden natürlich die »out-group«-Haltungen der kriegführenden Gesellschaften nicht dieselben sein wie die »in-group«-Haltungen (wenn es erlaubt ist, hier in den Jargon der Sozialpsychologie zu verfallen). Dennoch wird die Tatsache, daß die Gegner *Menschen* sind, die ihre eigenen Ideen und Institutionen haben und mit denen eine Kommunikation möglich wäre, das Verhalten der Mitglieder der anderen Gesellschaftsformation beeinflussen – sei es

1 Dieses Beispiel wurde mir durch eine Diskussion mit meinem Kollegen J. C. Rees nahegelegt, wie überhaupt die Erkenntnis der Notwendigkeit dieses ganzen Abschnitts.

auch, daß umso größere Grausamkeit die einzige Folge ist. Kriege zwischen Menschen werden wie alle anderen menschlichen Tätigkeiten von Übereinkünften beherrscht; und wo es sich um Übereinkünfte handelt, liegen immer auch innere Beziehungen vor.

3 *Die Sozialwissenschaften und die Geschichte*

Diese Betrachtungsweise kann es ermöglichen, auf neue Weise der Collingwoodschen Auffassung aller Geschichte als Geistesgeschichte gerecht zu werden. Seine Theorie stellt zweifellos eine Übertreibung dar, und die Vorstellung, daß die Aufgabe des Historikers darin bestehe, die Gedanken der geschichtlich Handelnden nachzuvollziehen, ist in gewissem Maße eine intellektualistische Verzerrung. Aber Collingwood hat in dem Sinne recht, daß ein richtiges Verständnis von Ereignissen der Menschheitsgeschichte, selbst derjenigen, die nicht als Entwicklung und Konflikte diskursiver Ideen aufgefaßt werden können, unserem Verstehen sich ausdrückender Ideen in höherem Grade analog ist als unserem Verständnis physischer Prozesse.

Tatsächlich widmet Collingwood in gewisser Hinsicht der Art, in welcher eine Denkweise und die zugehörige historische Situation ein unteilbares Ganzes bilden, unzureichende Aufmerksamkeit. Er bezeichnet es als das Ziel des Historikers, dieselben Gedanken, die früher einmal gedacht worden sind, genau so zu denken, wie es zu dem betreffenden historischen Zeitpunkt geschah. (6: 5. Teil) Aber obwohl vergangene Denkweisen in gewissem Sinne vom Historiker nachvollzogen werden mögen, wird die Art, in der er das tut, von der Tatsache gefärbt sein, daß er zu ihrer Erschließung historiographische Methoden anwenden mußte. Der mittelalterliche Ritter brauchte diese Methoden nicht anzuwenden, um seine Dame gemäß den Begriffen der höfischen Liebe anzusehen, er tat es ganz von selbst. Historische Forschung mag mich instand setzen, ein gewisses Verständnis des Inhalts dieser Denkweise zu erwerben, aber dadurch wird es mir nicht ermöglicht werden, im Rahmen dieser Begriffe an die Dame *meines* Herzens zu denken. Ich wäre mir immer bewußt, daß es sich um einen Anachronismus handelte, was natürlich bedeutet, daß ich nicht begrifflich in genau derselben Weise an sie dächte wie der Ritter an seine Dame. Und an diese selbst so zu denken, ist mir natürlich noch unmöglicher.

Dennoch kommt Collingwoods Betrachtungsweise der Wahrheit näher als die von empiristischen Methodologien der Sozialwissenschaften am meisten begünstigte, die etwa folgendermaßen aussieht. Auf der einen Seite gibt es die Menschheitsgeschichte, die eine Art Behälter von Daten ist. Der Historiker gräbt diese Daten aus und übergibt sie Kollegen, die mehr theoretische Neigungen haben; diese stellen wissenschaftliche Verallgemeinerungen und Theorien auf, welche Verbindungen zwischen den verschiedenen gesellschaftlichen Situationen liefern. Solche Theorien können dann auf die Geschichte selbst angewandt werden, um unser Verständnis der wechselseitigen Verknüpfung ihrer Episoden zu fördern. Ich habe insbesondere an Pareto zu zeigen versucht, daß dies eine Verringerung der Wichtigkeit von Ideen in der Geschichte bedeutet, da Ideen und Theorien sich ständig entwickeln und ändern, jedes Gedankensystem aber innerhalb seiner selbst verstanden werden muß, weil die Elemente, aus denen es besteht, innerlich aufeinander bezogen sind; das führt zusammengenommen zu dem Ergebnis, daß Gedankensysteme sehr ungeeignete Gegenstände für breite Verallgemeinerungen sind. Ich habe auch zu zeigen versucht, daß soziale Beziehungen nur im Rahmen der in einer Gesellschaft herrschenden Ideen und durch sie existieren; oder anders ausgedrückt, daß soziale Beziehungen unter dieselbe logische Kategorie fallen wie Beziehungen zwischen Ideen. Daraus folgt, daß soziale Beziehungen ein ebenso ungeeigneter Gegenstand für Generalisierungen und Theorien szientivischer Art sind, die im Hinblick auf sie formuliert werden könnten. Historisches Erklären ist nicht ein Anwenden von Generalisierungen und Theorien auf einzelne Fälle, sondern ein Aufspüren innerer Beziehungen. Es gleicht eher der Anwendung von Sprachkenntnissen zum Verstehen eines Gesprächs als der Anwendung einer Kenntnis mechanischer Gesetze zum Verständnis der Funktionsweise einer Uhr. Nichtsprachliches Verhalten hat in derselben Weise einen »Umgangston« wie eine Sprache. Ebenso wie es schwierig sein kann, der modernen englischen Übersetzung eines platonischen Dialogs das Idiom des griechischen Denkens zu entnehmen, kann es auch irreführend sein, das Verhalten der Menschen einer entlegenen Gesellschaft mit Hilfe desjenigen Betragens begreifen zu wollen, an welches wir in unserer eigenen Gesellschaft gewöhnt sind. Man denke an das unbehagliche Gefühl bezüglich der Authentizität von schwungvollen Beschwörungen historischer Epochen, wie es uns oft überkommt, etwa bei einigen Romanen von Robert Graves; das hat mit einem Zweifel an der Genauigkeit des Autors im äußeren Detail nichts zu tun.

Das Verhältnis zwischen soziologischer Theorie und historischer Darstellung gleicht weniger dem Verhältnis zwischen wissenschaftlichen Gesetzen und Protokollen über Experimente oder Beobachtungen als demjenigen zwischen Theorien der Logik und den in einer bestimmten Sprache vorkommenden Argumenten. Denken wir etwa an eine mittels der Theorie molekularer Strukturen und Valenzen erfolgende Erklärung chemischer Reaktionen: hier wird der Zusammenhang zwischen dem, was im Augenblick des Zusammentreffens der beiden Chemikalien geschah, und dem, was zu einem späteren Zeitpunkt geschah, durch die Theorie *hergestellt.* Man kann nur *im Rahmen der betreffenden Theorie* von einem solchen *Zusammenhang* der Ereignisse sprechen (im Gegensatz zu einem bloß räumlich-zeitlichen Zusammenhang); der einzig mögliche Weg zum Begreifen des Zusammenhangs ist das Erlernen der Theorie. Aber mit der Anwendung einer logischen Theorie auf ein bestimmtes Stück rationalen Denkens verhält es sich nicht so. Man muß nicht die Theorie kennen, um den Zusammenhang zwischen den einzelnen gedanklichen Schritten der betreffenden Argumentation richtig zu bewerten; man ist im Gegenteil nur insoweit in der Lage zu verstehen, worum es in der logischen Theorie überhaupt geht, als man bereits lo-

gische Zusammenhänge zwischen einzelnen Aussagen in konkreten Sprachen begreift. (Die früher erwähnte Argumentation Lewis Carrolls impliziert diesen Sachverhalt.) Während in der Naturwissenschaft unser theoretisches Wissen uns instand setzt, Ereignisse zu erklären, die uns bisher noch nicht begegnet waren, wird uns eine Kenntnis logischer Theorie nicht befähigen, eine in einer uns unbekannten Sprache erfolgende Argumentation zu verstehen; man wird diese Sprache lernen müssen, und das *kann* bereits ausreichen, uns den Zusammenhang zwischen den einzelnen Teilen einer Argumentation in dieser Sprache begreifen zu lassen.
Wir wollen ein Beispiel aus der Soziologie heranziehen. Georg Simmel schreibt:

> Der Übergang einer Verschiedenheit der Überzeugungen in Haß und Kampf tritt nur dann ein, wenn zwischen den Parteien ursprünglich wesentliche Gemeinsamkeiten bestanden haben. Die (soziologisch sehr bedeutsame) »Achtung vor dem Gegner« ist gewöhnlich dort nicht vorhanden, wo die Feindseligkeiten auf der Grundlage vorhergehender Solidarität entstanden sind. Wo die Gemeinsamkeiten weiterhin groß genug sind, um Verwirrung und unscharfe Grenzlinien zu bewirken, bedürfen die Unterscheidungsmerkmale einer Betonung, die nicht durch den Streitgegenstand selbst, sondern nur durch jene Gefahr der Verwirrung gerechtfertigt ist. Ein solcher Fall lag beispielsweise vor bei dem Katholizismus in Bern ... Die römisch-katholische Kirche braucht von einer so andersartigen Kirche wie der reformierten keine Bedrohung ihrer Identität zu befürchten, wohl aber von einer so nahe verwandten wie der altkatholischen. (31: 1. Kap.)

Ich möchte hier sagen, daß wir nicht *durch* die von Simmel vorgenommene Verallgemeinerung das Verhältnis zwischen römischem Katholizismus und Altkatholizismus verstehen, auf das er hinweist: man versteht es nur in dem Maße, in welchem man die beiden Religionssysteme und die historischen Beziehungen zwischen ihnen versteht. Das betreffende »soziologische Gesetz« kann dadurch von Nutzen sein, daß es unsere Aufmerksamkeit auf solche Wesenszüge historischer Situationen lenkt, die wir sonst vielleicht übersehen hätten, und dadurch, daß es brauchbare Analogien nahelegt. So kann man sich bei dem von Simmel angeführten Beispiel veranlaßt sehen, es mit den Beziehungen zwischen der russischen kommunistischen Partei und der Labour Party einerseits, den britischen Konservativen andererseits zu vergleichen. Aber keine historische Situation kann einfach durch ein »Anwenden« solcher Gesetze verstanden werden, so wie man in der Naturwissenschaft Gesetze auf die einzelnen Ereignisse anwendet. Es verhält sich sogar so, daß man nur insoweit verstehen kann, was das betreffende Gesetz überhaupt besagt, als man ein davon *unabhängiges* historisches Verständnis solcher Situationen besitzt. Das ist etwas anderes, als wenn man die Experimente kennen muß, auf welche eine wissenschaftliche Theorie sich stützt, bevor man diese Theorie verstehen kann, denn es wäre sinnlos, von einem außerhalb der wissenschaftlichen Theorie möglichen Verstehen des Zusammenhangs zwischen den einzelnen Teilen eines Experiments zu sprechen. Aber man könnte sehr wohl die Natur der Beziehungen zwischen römischem Katholizismus und Altkatholizismus verstehen, ohne von der Simmelschen Theorie oder einer ähnlichen je etwas gehört zu haben.

4 *Schlußbemerkung*

Ich habe in diesem Buch nicht versucht, den unbezweifelbaren Unterschieden gerecht zu werden, welche zwischen den verschiedenen Zweigen der Sozialwissenschaft wie etwa der Soziologie, der politischen Theorie, der Nationalökonomie usw. bestehen. Ich wollte vielmehr gewisse Merkmale des Begriffs der Sozialwissenschaft als solcher herausarbeiten. Ich glaube nicht, daß die einzelnen methodologischen Unterschiede, so wichtig sie in ihrem eigenen Bereich sein mögen, die großen Umrisse des hier Vorgetragenen tangieren können. Denn dieses gehört der Philosophie an, nicht dem, was gewöhnlich unter dem Terminus »Methodologie« verstanden wird.

Bibliographie

(1) Acton, H. B., *The Illusion of the Epoch*, London 1955

(2) Aron, Raymond, *Die deutsche Soziologie der Gegenwart*, Stuttgart 1957

(3) Ayer, A. J., *The Problem of Knowledge*, Penguin Books, 1956

(4) Ayer, A. J., »Can There be a Private Language?«, *Proceedings of the Aristotelian Society*, Supplementband XXVIII

(5) Carroll, Lewis, »What the Tortoise Said to Achilles«, *Complete Works*, London o. J.

(6) Collingwood, R. G., *The Idea of History*, London 1946 (deutsche Ausgabe: *Philosophie der Geschichte*, Stuttgart 1955)

(7) Collingwood, R. G., *The Principles of Art*, London 1938

(8) Cranston, Maurice, *Freedom: A New Analysis*, London 1953

(9) Durkheim, Emile, *Le suicide*, Paris 1960

(10) Geach, Peter, *Mental Acts*, London 1957

(11) Ginsberg, Morris, *On the Diversity of Morals*, London 1956

(12) Hume, David, *Enquiry into Human Understanding*, zitiert nach der deutschen Übersetzung von C. Nathansohn: *Eine Untersuchung über den menschlichen Verstand*, Leipzig 1893

(13) Laslett, Peter, Hrsg., *Philosophy, Politics and Society*, Oxford 1956

(14) Levi, E. H., *An Introduction to Legal Reasoning*, Chicago 1961

(15) Lynd, R. S., *Knowledge for What?*, Princeton 1945

(16) Malcolm, Norman, Artikel in *Philosophical Review*, LXIII, 1954, S. 530–559

(17) Mandelbaum, Maurice, »Societal Facts«, *British Journal of Sociology*, VI, 4, 1955

(18) Mill, John Stuart, *A System of Logic*
(19) Newcomb, T. M., *Social Psychology*, New York 1950 (deutsche Ausgabe: *Sozialpsychologie*, Meisenheim 1959)
(20) Oakeshott, Michael, »The Tower of Babel«, *Cambridge Journal*, vol. 2
(21) Oakeshott, Michael, »Rational Conduct«, *Cambridge Journal*, vol. 4; nachgedruckt in *Rationalism in Politics*, London 1962
(22) Oakeshott, Michael, *Political Education*, London 1951
(23) Pareto, Vilfredo, *Allgemeine Soziologie*, deutsch von Carl Brinkmann, Tübingen 1955
(24) Parsons, Talcott, *The Structure of Social Action*, London 1949
(25) Popper, Karl R., *Die offene Gesellschaft und ihre Feinde*, Bern 1957/58
(26) Popper, Karl R., *The Poverty of Historicism*, London 1957 (deutsche Ausgabe: *Das Elend des Historizismus*, Tübingen 1965)
(27) Renner, Karl, *The Institutions of Private Law and their Social Function*, mit einer Einführung von O. Kahn-Freund, London 1949
(28) Rhees, Rush, »Can There be a Private Language?«, *Proceedings of the Aristotelian Society*, Supplementband XXVIII
(29) Ryle, Gilbert, *The Concept of Mind*, London 1949
(30) Sherif, M. & Sherif, C., *An Outline of Social Psychology*, New York 1956
(31) Simmel, Georg, *Conflict*, Glencoe 1955
(32) Strawson, P. F., kritische Notiz in *Mind*, LXIII, Nr. 249, S. 84 ff.
(33) Weber, Max, *Wirtschaft und Gesellschaft*, Studienausgabe, Köln/Berlin 1964
(34) Weber, Max, *Gesammelte Aufsätze zur Wissenschaftslehre*, Tübingen 1922
(35) Weldon, T. D., *The Vocabulary of Politics*, Penguin Books, 1953 (deutsche Ausgabe: *Kritik der politischen Sprache*, Neuwied 1962)

(36) Wittgenstein, Ludwig, *Tractatus logico-philosophicus*, in: *Schriften I*, Frankfurt am Main 1960
(37) Wittgenstein, Ludwig, *Philosophische Untersuchungen*, in: *Schriften I*, Frankfurt am Main 1960
(38) Wittgenstein, Ludwig, *Remarks on the Foundations of Mathematics*, Oxford 1956

stw 1 Jürgen Habermas
Erkenntnis und Interesse
Mit einem neuen Nachwort
420 Seiten
Einzig als Gesellschaftstheorie ist radikale Erkenntniskritik möglich, heißt die Grundthese von Habermas. Damit greift er nicht nur in die an Methodenfragen orientierte Positivismus-Diskussion ein, sondern auch in die auf Praxis gerichtete politische Diskussion.

stw 2 Theodor W. Adorno
Ästhetische Theorie
Mit einem Begriffsregister
Herausgegeben von Gretel Adorno und Rolf Tiedemann
568 Seiten
Die Ästhetische Theorie ist die letzte große Arbeit Adornos, die bei seinem Tode kurz vor ihrer Vollendung stand. Sie sollte neben der Negativen Dialektik und einem geplanten moralphilosophischen Werk das darstellen, was Adorno »in die Waagschale zu werfen« hatte.

stw 3 Ernst Bloch
Das Prinzip Hoffnung
3 Bände. 1655 Seiten
»Die Utopie, das philosophisch bisher noch nicht zureichend bedachte Zukünftige, ohne das es kein Gegenwärtiges geben kann, steht im Zentrum des riesigen Buches ... Wie verwandelt sich Träumen in Begehren, Begehren in Wünschen? Wie gelangt das Streben nach Glück, ohne dessen messianischen Vorschein kein Jammertag ertragbar wäre, zu der Entschlossenheit, eine gewaltige Veränderung zu wagen?«
Walter Jens in »Die Zeit«

stw 4 Walter Benjamin
Der Begriff der Kunstkritik in der deutschen Romantik
Herausgegeben von Hermann Schweppenhäuser
120 Seiten
Man muß den Begriff der Kunstkritik zusammen sehen mit Lukács' *Theorie des Romans* oder den kunstphilosophischen Teilen von Blochs *Geist der Utopie:* schon in dieser frühen

Arbeit Benjamins scheint die neue Ästhetik auf, das Bemühen, Ästhetik und Geschichtsphilosophie zu verknüpfen, wie er selber es dann in inzwischen geradezu klassisch gewordener Weise im *Ursprung des deutschen Trauerspiels* verwirklichte.

stw 5 Ludwig Wittgenstein
Philosophische Grammatik
Herausgegeben von Rush Rhees
491 Seiten
Die *Philosophische Grammatik* gibt Auskunft über Wittgensteins Weg von der Konzeption einer Idealsprache zur Theorie der Sprachspiele und zur mathematischen Grundlagenforschung der Spätzeit.

stw 6 Jean Piaget
Einführung in die genetische Erkenntnistheorie
Vier Vorlesungen
Aus dem Amerikanischen von Friedhelm Herborth
104 Seiten
»Die Forschungen über genetische Erkenntnistheorie versuchen, die Mechanismen zu analysieren, nach denen Erkenntnis – sofern sie zu wissenschaftlichem Denken gehört – sich entwickelt ...« Bärbel Inhelder

stw 7 J. Laplanche – J.-B. Pontalis
Das Vokabular der Psychoanalyse
Aus dem Französischen von Emma Moersch
2 Bände. 652 Seiten
Dieses Vokabular ist nicht nur ein Wörterbuch. Hier wird eine Theorie, die unser aller Denken verändert hat, von ihrer Sprache her erforscht. Damit ist dem Fachmann wie dem Laien ein Arbeitsinstrument zur Verfügung gestellt, das bisher fehlte.

stw 8 G. W. F. Hegel
Phänomenologie des Geistes
622 Seiten
Die Phänomenologie ist »ein Werk, das im philosophischen Schrifttum nicht seinesgleichen hat, vielsträhnig und zentral, dithyrambisch und streng geordnet zugleich. Nirgends kann genauer gesehen werden, was großer Gedanke im Aufgang ist, und nirgends ist sein Lauf bereits vollständiger«.
Ernst Bloch

stw 9 *Materialien zu Hegels ›Phänomenologie des Geistes‹*
Herausgegeben von Hans Friedrich Fulda
und Dieter Henrich
445 Seiten
Die hier zusammengestellten Aufsätze zu Hegels Phänomenologie wollen dem Leser die Irrwege, Umwege und Holzwege ersparen, auf die andere in ihrem Bemühen, sich dieses »dunkelste und tiefsinnigste« Werk Hegels (Ernst Bloch) zugänglich zu machen, geraten sind.

stw 10 *Einführung in den Strukturalismus*
Mit Beiträgen von Ducrot, Todorov, Sperber,
Safouan und Wahl
Aus dem Französischen von Eva Moldenhauer
480 Seiten
Die Essays zum Strukturalismus gehen nicht von einer Apriori-Definition einer so zu nennenden strukturalen Methode aus, was nach Ansicht der Autoren nicht möglich ist. Vielmehr überprüfen die Verfasser – alle Strukturalisten der zweiten Generation – an ihrem jeweiligen Forschungsgebiet, was ihr Strukturalismus überhaupt sei.

stw 11 Siegfried Kracauer
Geschichte – Vor den letzten Dingen
Aus dem Englischen von Karsten Witte
309 Seiten
»Kracauer prüft mit skeptischem Blick geschichtsphilosophische Mythen und historiographische Methoden in der Absicht, das Interesse der Menschen an der Geschichte zu erhellen. Die Schlußfolgerungen: Geschichte tritt als eine Folge irreduzibler, einmaliger Wesenheiten in Erscheinung, die der Historiker letztlich als ›stories‹, also in ihrer ›epischen Qualität‹ zu begreifen hat.« Viktor Zmegač

stw 12 Niklas Luhmann
Zweckbegriff und Systemrationalität
Über die Funktion von Zwecken in sozialen Systemen
390 Seiten
Mit seinem Entwurf einer Systemtheorie erneuert Luhmann den von der gegenwärtigen Soziologie vernachlässigten Versuch, Gesellschaft im ganzen zu begreifen. Er untersucht die Funktion der Zweckorientierung in sozialen Systemen und bestimmt sie als Reduktion von Komplexität, als Vereinfachung, die das System handlungsfähig macht.

stw 13 Gershom Scholem
Zur Kabbala und ihrer Symbolik
303 Seiten
Scholems Studien zur Kabbala, der jüdischen Mystik des Mittelalters, deren esoterische Lehren in verschiedenen Schulen verbreitet wurden, erläutern die wiederkehrenden Bilder und Symbole im kabbalistischen Judentum aus einem lebendigen Zusammenhang der mystischen Tradition. Sie sind ein faszinierender Beitrag zum Verständnis der Geschichte und Psychologie des jüdischen Volkes.

stw 14 Claude Lévi-Strauss
Das wilde Denken
334 Seiten
Aus dem Französischen von Hans Neumann
Thema dieses inzwischen berühmt gewordenen Werkes ist das Denken in seinem »wilden Zustand«, das in jedem Menschen, ob zeitgenössisch oder vorgeschichtlich, wirksam ist als ein Element der nichtkultivierten und nicht domestizierten Geistestätigkeit.

stw 15 Peter Szondi
Zur Theorie des bürgerlichen Trauerspiels im 18. Jahrhundert
Der Kaufmann, der Hausvater, der Hofmeister
Herausgegeben von Gerd Mattenklott
Mit einem Anhang von Wolfgang Fietkau
280 Seiten
Der gemeinsame Gegenstand der literaturwissenschaftlichen Arbeiten Peter Szondis war die Geschichte des bürgerlichen Subjekts in der Moderne, insofern als sie in Literatur und Literaturtheorie wesentlichen Ausdruck fand. Sein Interesse in den letzten Jahren galt den frühen Formen bürgerlichen Bewußtseins, die sich in der Dramatik und ihrer Theorie des 18. Jahrhunderts präsentierte.

stw 16 Erik H. Erikson
Identität und Lebenszyklus
Drei Aufsätze. Aus dem Amerikanischen von Käte Hügel
224 Seiten
»Erikson verfügt über die Fähigkeit, Tatsachen verschiedener Fachgebiete sowohl isoliert aufzuzeigen als auch zu seiner Idee von der Identitätssuche des Menschen, der biologischen, kulturellen und psychodynamischen Lebens-

zyklen unterworfen ist, zu synthetisieren. Die Arbeiten sind ein Stimulans für jeden, dessen Denken ... bereit ist, den Umweltraum wie den Inweltraum des Menschen gemäß der Anforderung eines präsumptiv ›Humanen‹ zu verändern.« *Helmut Junker, Das Argument*

stw 17 Rudolf Bilz
Wie frei ist der Mensch?
Paläoanthropologie Bd. 1
470 Seiten
Das besondere Interesse von Bilz gilt den »biologischen Archaismen des Menschen«, den »Wildheitsqualitäten« des homo sapiens, ohne daß doch, wie es in der heutigen Verhaltensforschung häufig geschieht, vorschnell vom Tier auf den Menschen geschlossen würde.

stw 18 Viktor von Weizsäcker
Der Gestaltkreis
Mit einem Vorwort von Rolf Denker
294 Seiten
Von Weizsäcker fordert eine ganzheitlich anthropologisch fundierte Medizin und wurde damit zum Mitbegründer der Psychosomatik. Sein Werk hat über die Medizin hinaus Anthropologie, Sozialwissenschaften und speziellere Handlungstheorien entscheidend beeinflußt.

stw 19 Noam Chomsky
Sprache und Geist
Aus dem Amerikanischen von Siegfried Kanngießer, Gerd Lingrün, Ulrike Schwarz und Anna Kamp
189 Seiten
»Die Theorien Noam Chomskys haben in der Linguistik während der letzten Jahre zu einem ›Paradigmenwechsel‹ (Th. Kuhn) geführt. Forschungsstrategisch sinnvolle Fragestellungen, die Bewertung neuer Methoden und Standards und die Einschätzung linguistisch relevanter Problemlösungen folgen dem theoretischen Rahmen, den Chomsky der Linguistik gegeben hat.« *Anton Leist, Das Argument*

stw 20 Jakob von Uexküll
Theoretische Biologie
Mit einem Vorwort von Rudolf Bilz
408 Seiten
Im Vordergrund der heutigen biologischen Forschungen stehen in erster Linie die Probleme der physiologischen

Chemie. Insofern mutet die *Theoretische Biologie* Jakob von Uexkülls eher wie ein Vorläufer der Wahrnehmungspsychologie oder der Ethologie an.

stw 21 Victor Erlich
Russischer Formalismus
Aus dem Englischen von Marlene Lohner
Mit einem Geleitwort von René Wellek
Etwa 410 Seiten
»Erlichs Buch ist die einzige umfassende Darstellung des russischen Formalismus in einer westlichen Sprache ... (es) ist eine vorzügliche, authentische Studie über eine Gruppe von Schriftstellern und ein zusammenhängendes Gedankengebäude, die jedem Literaturwissenschaftler bekannt sein sollte.« *René Wellek*

stw 22 *Seminar: Politische Ökonomie*
Zur Kritik der herrschenden Nationalökonomie
Herausgegeben von Winfried Vogt
334 Seiten
Dieser Band repräsentiert die Breite der Kritik an der herrschenden bürgerlichen Nationalökonomie. Die vertretenen Positionen reichen von der Keynesschen Theorie über eine pragmatische Richtung bis hin zur marxistischen Kritik. Von hier aus wird man sehen müssen, inwieweit eine übergreifende theoretische Konzeption möglich ist.

stw 23 Theodor W. Adorno
Philosophische Terminologie Bd. 1
Herausgegeben von Rudolf zur Lippe
240 Seiten
In der »Philosophischen Terminologie« schlägt Adorno den Weg ein, zentrale Begriffe der Philosophie historisch und thematisch zu untersuchen. Die Begriffsanalysen führen in das Denken Adornos, gleichzeitig aber auch in die Kritische Theorie ein.

stw 24 Hans Blumenberg
Der Prozeß der theoretischen Neugierde
Erweiterte und überarbeitete Neuausgabe
von »Die Legitimität der Neuzeit«, dritter Teil
320 Seiten
Die bestimmenden Attribute der Neuzeit leiten sich aus der humanen Selbstbehauptung gegenüber dem theologi-

schen Absolutismus des ausgehenden Mittelalters her. Zur Begründung dieser These wird der Prozeß der Diskriminierung und Rehabilitierung der »theoretischen Neugierde« von der Antike bis zum Ende des 18. Jahrhunderts verfolgt.

stw 25 Thomas S. Kuhn
Die Struktur wissenschaftlicher Revolutionen
Aus dem Amerikanischen von Kurt Simon
227 Seiten
Fortschritt in der Wissenschaft – das ist Kuhns These – vollzieht sich nicht durch kontinuierliche Veränderung, sondern durch revolutionäre Prozesse: Ein bisher geltendes Erklärungsmodell wird verworfen und durch ein anderes ersetzt. Diesen Vorgang bezeichnet sein berühmt gewordener Terminus »Paradigmenwechsel«.

stw 26 Heinrich Zimmer
Philosophie und Religion Indiens
Aus dem Amerikanischen von Lucy Heyer-Grote
597 Seiten
»Es ist das vollständigste und zugleich intelligenteste Buch über die außerordentlich reiche und komplexe Philosophie Indiens, das je geschrieben wurde.« *New York Times*

stw 27 Jean Piaget
Das moralische Urteil beim Kinde
Aus dem Französischen von Lucien Goldmann
463 Seiten
Piaget zeigt, welche Bedeutung in der Entwicklung des moralischen Urteils den gegenseitigen Beziehungen zwischen gleichgestellten Kindern, also dem Solidaritäts- und Verantwortungsbewußtsein, zukommt.

stw 28 George Herbert Mead
Geist, Identität und Gesellschaft
Mit einer Einleitung von Charles W. Morris
Aus dem Amerikanischen von Ulf Pacher
456 Seiten
Mind, Self and Society ist *der* Klassiker der Sozialpsychologie. Das postum aus Vorlesungsnachschriften veröffentlichte Werk verschmilzt »einen von einem moralischen Ethos idealistischer Vernunft beseelten Pragmatismus mit Evolutionismus und einem sozial interpretierten Behaviorismus«. *Helmut Kuhn*

stw 29 Eike von Savigny
Die Philosophie der normalen Sprache
Eine kritische Einführung
in die »ordinary language philosophy«
Etwa 300 Seiten
Von Savignys Buch ist die erste zusammenfassende Darstellung der Methoden, Probleme und Ergebnisse einer philosophischen Richtung, die in den angelsächsischen Ländern heute dominiert: der *ordinary language philosophy* mit ihren Hauptvertretern, dem späten Wittgenstein, Gilbert Ryle, J. L. Austin und J. Wisdom.

stw 30 *Seminar: Die Entstehung von Klassengesellschaften*
Herausgegeben von Klaus Eder
384 Seiten
Mit der Entwicklung von der »menschlichen Naturgeschichte« zur »menschlichen Vorgeschichte« befassen sich so renommierte Autoren wie Sahlins, Moscovici u. a. Ihre Beiträge sind Ansätze zu einer Theorie der Genese und Struktur von Klassengesellschaften.

stw 31 Alfred Lorenzer
Sprachzerstörung und Rekonstruktion
Vorarbeiten zu einer Metatheorie der Psychoanalyse
248 Seiten
Lorenzers Versuch einer wissenschaftstheoretischen Bestimmung des psychoanalytischen Vorgehens nimmt seinen Ausgang von dem alten Gegensatz von »Erklären« und »Verstehen«. Aus der Untersuchung der psychoanalytischen Operationsschritte wird eine Metatheorie entwickelt, die die Züge einer Sprachanalyse annimmt: Neurose erweist sich als »Sprachzerstörung« und die psychoanalytische Therapie als Rekonstruktion von Sprache.

stw 33 Georg Lukács
Der junge Hegel
896 Seiten
Lukács' Studie untersucht Hegels Auffassung von der Dialektik der menschlichen Gesellschaft in ihrer Entwicklung von den Jugendschriften bis zur Phänomenologie des Geistes. Mit scharfsinniger Polemik gegen die bürgerliche Hegelforschung deckt er ideologiekritisch die idealistischen Züge dieser Dialektik auf. Dabei geht es Lukács um den inneren Zusammenhang von Philosophie und Ökonomie.

stw 34 W. Ross Ashby
Einführung in die Kybernetik
Aus dem Englischen von Jörg Adrian Huber
ca. 400 Seiten
Die Einführung in die Kybernetik ist eines der Standardwerke der jungen Wissenschaft Kybernetik, nicht zuletzt durch des Autors didaktisches Geschick der Grundlagenvermittlung. Ashby vermeidet es, für den Laien unnötig verwirrende Bereiche der Elektronik und der höheren Mathematik in seine Einführung einzubeziehen und verwendet statt dessen allgemeinverständliche Beispiele aus dem Alltag.

stw 35 Ernst Bloch
Geist der Utopie
Unveränderter Nachdruck der bearbeiteten Neuauflage der 2. Fassung von 1923
351 Seiten
Geist der Utopie ist ein Manifest gegen die Leere, Ungläubigkeit und Hohlheit dieser Zeit; es ist die beschwörende Proklamation eines neuen, reichen, frommen Lebens. Von einer Verzweiflung über die Barbarei des Krieges getrieben, eifert Bloch für eine umfassende Revolution, deren politischer Aspekt zwar conditio sine qua non ist, die aber weit darüber hinaus in ein neues Zeitalter führen soll.

stw 36 Reinhart Koselleck
Kritik und Krise
Ein Beitrag zur Pathogenese der bürgerlichen Welt
248 Seiten
Die Frage nach dem Zusammenhang von Kritik und Krise ist geschichtlich und aktuell zugleich. Die Untersuchung umspannt den Zeitraum von den religiösen Bürgerkriegen bis zur Französischen Revolution. Die hypokritischen Züge der Aufklärung werden begriffsgeschichtlich und ideologiekritisch herausgearbeitet. Dabei stoßen wir auf die politischen Grenzen der Aufklärung, die ihr Ziel verfehlt, sobald sie zur reinen Utopie gerinnt.

stw 37 Siegfried Bernfeld
Sisyphos oder die Grenzen der Erziehung
156 Seiten
Bernfeld macht Marx und Freud zu »Schutzpatronen der neuen Erziehungswissenschaft«. Er will, wenn möglich, den

Determinismus der Vererbungslehre, der Konstitutionsforschung, der Psychoanalyse, des Darwinismus und den der Klassenlage überwinden. *Klaus Horn*

stw 38 *Seminar: Ideen und Interessen*
Studien zu Max Webers »Protestantischer Ethik«
Herausgegeben von Constans Seyfarth und
Walter M. Sprondel
ca. 360 Seiten
Die Zusammenstellung neuerer Beiträge zu Max Webers »Protestantischer Ethik« zielt auf die Klärung verschiedener Aspekte der Beziehung Webers zum Marxismus, der Komplexität der Genese des kapitalistischen Systems, der Argumente, die in die Richtung einer allgemeinen Theorie soziokultureller Wandlungsprozesse weisen und schließlich der heute höchst aktuellen Frage von Schwellen der soziokulturellen Evolution.

stw 39 Michel Foucault
Wahnsinn und Gesellschaft
Eine Geschichte des Wahns im Zeitalter der Vernunft
Aus dem Französischen von Ulrich Köppen
562 Seiten
Michel Foucault erzählt die Geschichte des Wahnsinns vom 16. bis zum 18. Jahrhundert. Er erzählt zugleich die Geschichte seines Gegenspielers, der Vernunft, denn er sieht die beiden als Paar, das sich nicht trennen läßt. Der Wahn ist für ihn weniger eine Krankheit als eine andere Art von Erkenntnis, eine Gegenvernunft, die ihre eigene Sprache hat oder besser: ihr eigenes Schweigen.

stw 40 Peter Szondi
Poetik und Geschichtsphilosophie I
Antike und Moderne in der Ästhetik der Goethezeit
Hegels Lehre von der Dichtung
Herausgegeben von Hans-Hagen Hildebrandt
und Senta Metz
537 Seiten
In den Vorlesungen dieses Bandes betrachtet Szondi anhand des Verhältnisses von Antike und Moderne die ästhetische Theorie der Epoche, die etwa als Zeitalter Goethes umschrieben werden kann. Die Darstellung hält die entscheidenden Impulse fest, die den Weg bestimmen, der von der normativen Aufklärungspoetik zur Philosophie der Kunst in den Systemen des deutschen Idealismus führt.

Paläoanthropologie: das ist für Bilz die Lehre vom Menschen, der als eigene Art gesehen wird, aber als eine Art, die sozusagen noch nicht fertig ist. Das besondere Interesse von Bilz gilt den Verhaltensähnlichkeiten zwischen Mensch und Tier in typischen Situationen, ohne daß doch vorschnell vom Tier auf den Menschen geschlossen würde.

stw 52 Karl Griewank
Der neuzeitliche Revolutionsbegriff
Entstehung und Entwicklung
Aus dem Nachlaß herausgegeben von
Ingeborg Horn-Staiger
Mit einem Nachwort von Hermann Heimpel
271 Seiten
Karl Griewank war der erste Historiker, der den spezifischen Revolutionsbegriff der Neuzeit herausgearbeitet hat. Es geht ihm dabei nicht um eine Begriffsbestimmung, sondern um die Geschichte des Revolutionsverständnisses seit dem Beginn der sogenannten Neuzeit im Bewußtsein der Beteiligten und historischen Beobachter.

stw 54 Barrington Moore
Soziale Ursprünge von Diktatur und Demokratie
Die Rolle der Grundbesitzer und Bauern
bei der Entstehung der modernen Welt
Aus dem Amerikanischen von Gert H. Müller
635 Seiten
Moores Buch knüpft an die Tradition soziologischer Analysen von geschichtlichen Zusammenhängen an, in der die Soziologie von Marx bis Max Weber stand. Er versucht, die politische Rolle zu erklären, die landbesitzende Oberschicht und Bauernschaft bei der Umwandlung der Agrargesellschaften zu modernen Industriegesellschaften gespielt haben.

stw 76 Paul Ricoeur
Die Interpretation
Ein Versuch über Freud
Aus dem Französischen von Eva Moldenhauer
564 Seiten
Die Beziehung von Psychoanalyse und Sprache ist der Gegenstand von Ricoeurs umfangreicher Freud-Analyse. Er untersucht die hermeneutischen Prozesse der Psychoanalyse, in denen es um Entmystifizierung und Illusionsabbau geht. Unter diesem Aspekt stellt er Freud an die Seite von

stw 41 C. B. Macpherson
Die politische Theorie des Besitzindividualismus
Von Hobbes bis Locke
Aus dem Englischen von Arno Wittekind
348 Seiten
Macphersons Untersuchung gilt dem Problem einer gesicherten theoretischen Grundlage für den liberal-demokratischen Staat. Als gemeinsame Voraussetzung der englischen politischen Theorie von Hobbes bis Locke erkennt er einen auf Besitz gegründeten und am Besitz orientierten Individualismus.

stw 42 Noam Chomsky
Aspekte der Syntax-Theorie
Aus dem Amerikanischen übersetzt und herausgegeben von einem Kollektiv unter der Leitung von Ewald Lang, Arbeitsstelle Strukturelle Grammatik, Deutsche Akademie der Wissenschaften, Berlin
314 Seiten
In dem Buch wird der Versuch unternommen, jenen Teil einer linguistischen Theorie zu entwerfen, der sich auf die syntaktische, die den Bau des Satzes betreffende Komponente bezieht. Unter der von Chomsky beschriebenen »generativen Grammatik« ist ein System von Regeln zu verstehen, mit denen eine beliebige Zahl von Sätzen erzeugt werden kann. Jeder Sprecher hat sich eine solche generative Grammatik offenbar vollständig angeeignet.

stw 43 Robert Minder
Glaube, Skepsis und Rationalismus
Dargestellt aufgrund der autobiographischen Schriften von Karl Philipp Moritz
294 Seiten
Minders Arbeit gilt als Wendepunkt in der Moritz-Forschung. Er entdeckte damit gewissermaßen einen Zeitgenossen Goethes neu, der ganz zu Unrecht immer gegenüber der Popularität der idealistischen Klassik im Hintergrund blieb. An den Werken von Moritz zeigt Minder nicht nur dessen literarische Qualität und aufklärerischen Impetus, es entsteht auch ein Bild des sektiererischen Kleinbürgertums im ausgehenden 18. Jahrhundert.

stw 44 Rudolf Bilz
Studien über Angst und Schmerz
Paläoanthropologie Band I/2
330 Seiten

Alphabetisches Verzeichnis der suhrkamp taschenbücher wissenschaft